# お金が増えるノート術

貯まる・稼げる・殖える　３つのステップでお金の不安が消える！

さあ、ノートを開いて、お金のことだけ考えよう。

… もくじ …

## 4章 お金が「稼げる」ノート術（資産100万〜500万円）

## 5章　お金が「殖える」ノート術：実践編（資産500万円〜）

## 【はじめに】 今すぐノートを開いて、未来に「投資」しよう

突然ですが、あなたには、こんな悩みや不安がありませんか?

・お金に対する漠然とした不安がある
・お金が全然、貯まらない
・お金を稼ぎたいけれど、やり方がわからない
・投資の勉強をしてみたいと思っている
・お金が苦手、お金のことを考えるのが怖い

これらを「たった一冊のノートが解決してくれる」と言ったら、信じてもらえるでしょうか。この本は、そんな嘘みたいなことを実現する本です。

まだ冒頭ではありますが、先に、もっとも重要なことをお伝えします。

**「お金の不安を解決するためには、お金の本質を理解して、未来に投資するしかない」**

では、お金の本質とは何か。それは、次のページの図に集約されます。

今はまだ全てを理解できないかもしれませんが、それで構いません。本書ではノートを使ったワークを通じて、その「お金の本質」を体得できるように、じっくりと解説していきます。

まず、**お金は「フロー資産」です。フロー資産とは、時間が経つと失われる資産のこと。**

お金は、同じフロー資産である時間や体力などと交換することができます。

私たちは普段、お金・時間・体力といったフロー資産同士を交換しながら日々の生活を送っています。働いて給料をもらい、お金を使って食事をし、眠り、体力を回復させる。ときには睡眠時間を削って仕事をしたり、タクシーに乗って時間や体力を買う。

これらがフロー資産の交換です。

☆「お金の本質」とは？

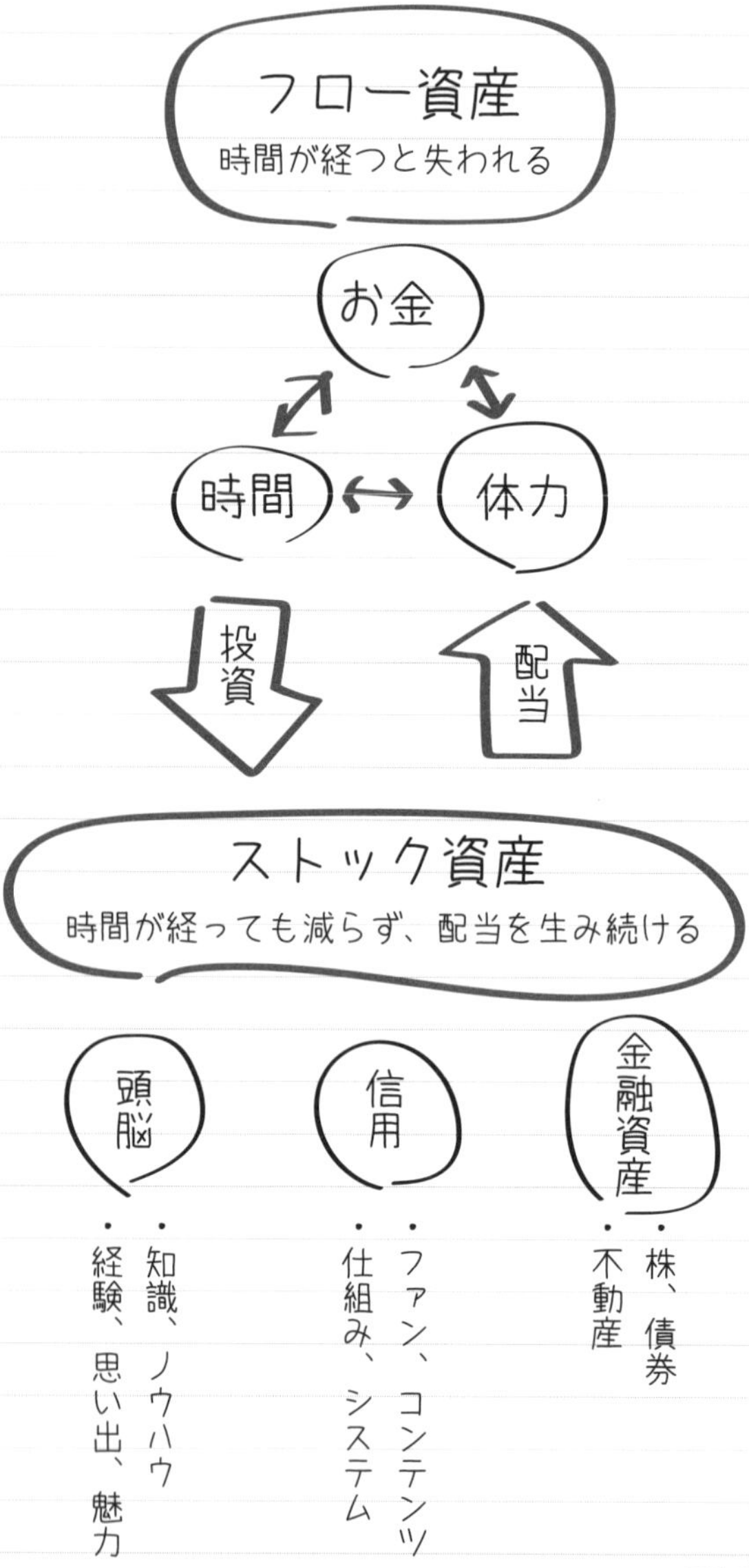


未来に投資することで不安が解消！

一方で、**お金は、「ストック資産」である頭脳や信用・金融資産と交換することもできます。ストック資産とは、時間が経っても減らず、配当を生み続ける資産のこと。お金を、このストック資産と交換することを「投資」と言います。**

ストック資産には、次の3種類があります。

◎**頭脳**……能力を高めるものです。知識・ノウハウだけでなく経験、思い出、人間的な成長など、幅広く含みます。本書では「貯める」「稼ぐ」「殖やす」全ての項目に関係します。

◎**信用**……ビジネスや人間関係を指します。また、家族や友人との関係性、SNSのフォロワー数、商品などのコンテンツ、仕組みやシステムなども含みます。お金を「稼ぐ」ために重要なものです。

◎**金融資産**……一般的に言われる、狭義の投資です。お金を「殖やす」ことと直接関係します。

本書では便宜上、株式や債券などの証券だけではなく、不動産などの実物資産も金融資産に含めます。

ストック資産同士を交換すること、また、時間や体力をストック資産と交換することも、ある程度は可能です。例えば、時間をかけて本を読むのは、頭脳への投資と言えます。

しかし、忙しい毎日の中で、私たちは、目の前のフローばかりを追いかけています。懸命に仕事をして、給料をもらい、時間に追われ、疲れて眠る……。いくらか貯金でもできれば良いのですが、実際は、お金も時間も体力も減る一方で、不安は増すばかりです。

私はいつも、この不安について、ノートに書きながら考えます。

なぜノートを使うのか？　頭の中だけでは、悩みや不安について、そして未来について、具体的に考えることができないからです。

**ノートは、未来にアクセスするための、もっとも手軽な道具**であることを、これから解説していきます。

この本は、ノートを開いて、未来に投資をすることで不安を解消するものです。

ごく一般的な普通のサラリーマンだった私の人生を変えてくれたのも、一冊のノートでした。

かつての私は妻と2人の小さな子供を抱え、毎日必死に働いて給料をもらうだけの日々。自分は何歳まで生きるのか。40代、50代で会社をクビになったらどうするのか。インフレがやってきたら貯金や年金は無価値になるのでは？……と、いくら頑張っても、漠然とした将来の不安に怯えていました。

そんなある日、ふと、頭の中にある不安や悩みを手元にあったノートの余ったページに一つひとつ書き出してみました。

自分は何に怯えているのか、その不安が実現する可能性はどれくらいか。書き出したら止まらなくなりました。

未来を具体的に考えられるようになったことで、漠然とした不安は消え、私は会社を辞めて起業をする決断ができました。長期的には、起業をして自分の人生を自分自身でコントロールする方が安全だと考えたのです。

私は今では独自のビジネスを育て、自分のやりたいことをやりたいときに、気の合う仲間と一緒にやっています。お金を、ストック資産に投資、つまり信用に換えたのです。家族と過ごす時間が増え、子供の学校行事をいつでも見にいくことができます。

時間に余裕を持ちつつ、会社員時代よりはるかに高い収入を得られるようになりました。次は海外に移住しようかな、などとも考えています。自由を手に入れました。


と言っても、私の場合はノートを書いただけではありません。私はなぜか子供の頃からずっとお金に興味を持ち続けてきました。大学は経済学部に進み、卒業後は日本生命という国内最大級の機関投資家に就職し、15年勤務しました。

その間、企業向けの融資や証券投資などの資産運用の経験を積み、証券アナリスト、中小企業診断士、簿記、ファイナンシャル・プランナーなど、お金に関する複数の資格も取得しました。

一方で、個人投資家としても、数々の失敗を含む膨大な経験をしてきました。起業してからは自らのビジネスに取り組みつつ、同時に、起業・ビジネスサポートのコンサルタントとして顧客のビジネスもたくさん見ています。

ずっとお金の表も裏も考えて頭脳に投資をし続け、痛い思いもしながら得た「結論」をお伝えしたく、原稿を書いています。

拙著『自分を変えるノート術』『仕事と勉強にすぐに役立つ「ノート術」大全』で私のことを知った方からは、「ノート術研究家じゃなかったの？」という驚きの声が聞こえる気がします。ノート愛は否定しませんが、それと同じくらい、もしくはそれ以上に、お金の専門家でもあると自負しています。

生まれてから今まで、ずっとお金のことを考えてきたと言っても過言ではありません。

そんな私が、「お金のノート」の本を書きました。知識ゼロから専門的な勉強をしなくても、ただ、ノートに決まった形式で書くだけでお金の本質が理解できる。お金を貯められるようになり、お金が稼げるようになり、お金を殖やせるようになる。

そんな画期的なノート術をお伝えします。

本当のことを言えば、お金を増やすために、ノートの使い方の特別なテクニックがあるわけではありません。

**ノートに書いて、お金のことを考える習慣を身につける。未来に投資する発想を持つ。**

それこそが本書の肝になります。

この本を書くことは、私にとっては「投資」です。あなたがこの本をきっかけにお金を増やして成功したら、いつか会いに来て下さい。そのときは、何か一緒にビジネスや、楽しいことをやりましょう。

お手元にノートとペンを用意して、実際に書きながら読むと、より大きな効果が得られますが、ざっと読んでみるところから始めても大丈夫です。まずは気軽に始められる方法で取り組んでみて下さい。

さあ、それでは「お金が増えるノート術」を始めていきましょう。

読者のみなさんが、お金を増やせるようになるために、ノートが、そして本書が、大きなきっかけになることを願っています。

# 1章　貯める・稼ぐ・殖やす？　現在のステージを確認する

## ◇1◇ ノートに書くとお金が増える理由

具体的な内容に入る前に、そもそもなぜノートに書くとお金が増えるのかを改めて説明しておきます。「ノートに書くとお金が増える」、これは本当のことです。

ただ、その間にはいくつかのプロセスがあります。書くだけで奇跡が起こるとか、単純に運気が変わるというわけではありません。

私たちは知らず知らずのうちに、お金について考えることを避けようとします。何となくお金が汚いものだと思っていますし、お金がなくなる恐怖心から逃れようとしてか、できるだけお金のことを考えないようにもします。

私が起業のサポートをしていて感じるのは、「お金を受け取る」ことに恐怖心を持っている方が非常に多いということです。

ビジネスとして商品やサービスを提供しているにもかかわらず、その価値をお金に換えることを無意識に避けようとする。お金を受け取ることで、何か大きな責任を負うことを恐れてもいるようです。これだと、いつまでも起業は成功しません。

「お金を受け取る」ことへの恐怖感は、実はお金がなくなることへの恐怖感の裏返しです。お金に対して特別な感情を持ち、お金を特別扱いすることで、頭の中でお金の存在感を不必要に大きくしているのです。

お金は汚いものではありませんし、善でも悪でもありません。ただの数字であるとも言えますし、誰かの役に立ったことに対する感謝の気持ちであるとも言えます。私にとってお金とは、お客様への「お役立ち度」を数字で表すもの、という感覚が正しいかもしれません。

**お金について考えるのを避けていると、お金は増えません。**「大切なのはお金じゃない」「お金のためにやっているんじゃない」などと言う人のところには、お金は集まらないものです。

**お金のことをノートに書く最大の意味は、「お金と向き合う」ことにあります。**

もちろん人生で一番大切なものはお金ではありませんが、お金を避けていた人にとっては、「お金のことだけ考える」くらい極端に向き合うことによって、ようやくバランスが取れてお金との良い関係が構築できます。

「はじめに」で書いた通り、**お金について考えるのは、未来について考えること。**これは頭脳に投資をすることと同義です。そして、信用や金融資産に投資をする意味を、感覚として理解していきましょう。

本書を手に取ったのはその大きなステップ。次はぜひ、ノートを開いて下さい。

## ◇2◇ 自分がいるステージを確認する

お金を増やすには、貯める・稼ぐ・殖やすの3つのステージがあります。

ステージと言うと大げさですが、**資産がどれくらいあるかで、考えるべきポイントや課題が変わってくる**のです。

なお本書において「増やす」と「殖やす」は明確に使い分けています。「貯める」「稼ぐ」も含めてお金が増えるという全体の意味では「増やす」を使い、資産運用の利回りやキャピタルゲイン（元本）として殖える方は「殖やす」です。利殖の殖ですね。

例えば、資産が数万円しかないのに、殖やすための運用方法を知ったところで、ほ

☆ステージチェックシート　（単位：万円）

| | 現預金 | 証券 | 借入（マイナス） | 合計 | 判定 |
|---|---|---|---|---|---|
| 資産 | 50 | 0 | 100 | -50 | ① |

①資産マイナス ⇒「貯める」2章から

②資産0~100万円 ⇒「殖やす：準備編」3章から

③資産100万~500万円 ⇒「稼ぐ」4章から

④資産500万円~ ⇒「殖やす：実践編」5章から

とんど効果がないのはおわかり頂けることでしょう。

逆に、資産が数億円ある人は、お金を貯める方法には今さら興味がありませんよね。もっとも、長く続いている資産家であれば、「貯める」習慣は完璧にできているものですが。

まずは自分が現在どのステージにいるのか、ステージチェックシートに記入して確認して下さい。


どの「ステージ」にいるかで、本書のどの章を中心に読むべきかがわかります。

①資産マイナス ▽▽▽「貯める」2章から
②資産0~100万円 ▽▽▽「殖やす：準備編」3章から
③資産100万~500万円 ▽▽▽「稼ぐ」4章から
④資産500万円~ ▽▽▽「殖やす：実践編」5章から

詳しくは後述しますが、この金額はあくまで目安です。資産50万円からでも稼ぎ始めることはできますし、資産が300万円だから貯める必要がないということはありません。

「本を一冊読み通すのは大変」という方も多いと思いますので、本章を読んで頂いたあとで、当てはまるステージの章、もしくは興味のある章へジャンプして構いません。

このチェックシートはそのための目安というわけです。シートの使い方は目安なので、まずは大まかに書き出すだけでも構いませんが、気になる人のために、あとでもう少し詳しく説明します。

## ◇3◇ 貯める・稼ぐ・殖やす、3つのステージ＋1

**①資産マイナス**……資産がほとんどない、もしくは借入額が資産よりも多いならば、「貯める」ステージです。安定した収入はあるのに資産がない、ということであれば、いわばバケツに穴が空いている状態ですから、まずはその穴を塞ぎましょう。奨学金を借りて社会人になったばかりの人も、ここからのスタートになります。

**②資産0～100万円**……借入が実質的にない状態です。まだ「貯める」ステージですが、「殖やす」ステージの準備編を学びましょう。まだまだ十分な資産とは言えませんが、コツコツ貯めたり、将来の投資に向けた準備をしつつ、「稼ぐ」ためのタネとなる100万円を目標にお金を貯めていきましょう。

**③資産100万～500万円**……資産が100万円を超えたら「稼ぐ」ステージへ。その資産を元手として、リスクを取らず、小さなビジネスからスタートすることをお勧めします。資産運用の資本となる500万円を目標に、お金を稼いでいきましょう。

**④資産500万円～**……「殖やす」ステージです。ここから資産運用をするメリットが大きくなってきますので、「貯める」「稼ぐ」を継続しつつ、本格的に開始しましょう。お金にも働いてもらって、加速するタイミングです。

ステージチェックはあくまで目安なので、感覚的に使って良いです。しかしステージチェックをする上で、どうしても細かいことが気になる人もいると思うので、そんな方のために迷いそうな項目について想定したQ&Aを載せておきます。

Q／夫（妻）の資産は合算してもいいですか？

A／基本的には、ご自身の資産だけでチェックして下さい。結婚後に形成された財産は、半分の権利があると考えても構いません。

Q／奨学金や車のローンはどう扱いますか？

A／それらは借入なので、資産からマイナスして下さい。車は資産として計上しませんが、車を売る予定があれば、売却予定額を借入から減額しても構いません。

Q／マイホームのローンは？

A／借入を資産からマイナスして、不動産の売却可能額を借入から減額して下さい。この値がプラスであっても、売却予定がないのであればマイホームは資産とはみなしません。

Q／投資用不動産の借入はどう考えたらいいですか？

A／借入を資産からマイナスして、不動産の売却可能額を借入から減額して下さい。ただ、不動産投資をしている時点で、すでに「殖やす」ステージにいるはずです。

Q／親の資産は、遺産として、見込みで計上していいですか？

A／具体的な相続の予定がなければ、計算しません。

Q／クレジットカードの使用額はどう扱えばいいですか？

A／月々の決済ができている分は、無視して良いです。リボ払いや2回を超える分割払い、ボーナス払いなどは、借入と考えてマイナス計上して下さい。

Q／今まで頭脳や信用に投資した分は、資産として計上できますか？

A／ここではそれらは含まず、現預金と金融資産のみを対象として下さい。

銀行にいくら預金があるかは把握していても、車のローンやクレジットカードのローンなどについては残高がいくらあるか、ぱっとわからなかったりするものです。まずはそれらをノートに書き出して、直視するところから始めましょう。

## ◇4◇ 本業・副業・金融からいくら収入があるかを知ろう

チェックシートは資産だけでしたが、お金には資産と収支（収入と支出）という2つの面があります。お小遣い帳や会社の会計もそうなっています。貸借対照表と損益計算書です。

ここでは、収入について確認してみましょう。

収入には、大きく分けて3つあります。

本業収入と副業収入、金融（資産運用）収入です。

あらゆる収入は、この3つのどれかに分類できます。多少強引に分類することはあるかもしれません。例えば、「誰かからご祝儀をもらったら、とりあえず副業収入にしておく」など。

ここでは、現在の年収を書いてみて下さい。税引き後、つまり手取りの金額ということにしましょう。

どうでしょう、すぐに記入できましたか？

ここで多くの方が気づくのが、本業収入ですら、意外と正確に把握していないということ。総支給額がいくらで、手取りがいくら……とスパッと答えられる人の方がきっと少数派なはずです。

これを知ることも「お金と向き合う」ことです。過去の給与明細を見直せば良いので、まずは本業収入を記入して下さい。賞与（ボーナス）についても波はあるかもしれませんが、だいたいの平均を取って書いて下さい。

☆現在の収入（年収）

| | |
|---|---|
| 本業 | 360万円 |
| 副業 | 0 |
| 金融 | 0 |
| 合計 | 360万円 |

サラリーマンの方であれば、副業や金融からの収入は、まだゼロかもしれません。すでに株式投資をされているならば、今はざっくり投資額の4％を計上して下さい（詳しくはあとの章で説明します）。

主婦・主夫や学生で、お仕事をしていない場合、現状では本業収入もゼロかもしれません。

パートナーの収入の半分を計上しておくとか、お小遣いを入れておくとかも良いのですが、それは「稼ぐ力」とは関係のない収入なので、厳しめにゼロを出発点としても良いでしょう。本書では資産や収入の変化に重きを置くため、基準がブレなければどちらでも大丈夫です。

さあ、現在の自分の収入はわかりましたか。ノートに書き出した数字を見て、どう感じるでしょう？

思ったよりも多い、少ない、頑張っているからこんなものかな、これだけ働いてこの金額では割に合わないな……。

その感想は重要ですので、今感じたことをそのままノートにメモしておいて下さい。

## ◇5◇ 10年後の収入を予想してみよう

次に、10年後の収入を予想してみます。そう言うと「来年のことを言えば鬼が笑うというのに、10年後のことなんてわかるわけがない」と思われるかもしれません。でも、良いのです。あくまで予想なので、当たるか外れるかは問題ではありません。

**重要なのは、10年後にどうなっていたいか、どうありたいか**です。

何もしないでも自然に到達するであろう金額を予想するだけでは面白くないですし、かと言って、絶対に無理だと感じる数字を書いても、意味がありません。

頑張ればいけるかな、こうなっていたら10年後としては成功だな、と思えるような目標込みの予想を、書いてみて下さい。10年あれば、かなり遠くまで行けますよ。

ここでも本業、副業、金融に分けて書きます。どんな副業をやるか、どんな投資をするかなどは具体的にイメージできればより望ましいですが、現時点ではざっくりで構いません。本書ではまだ、副業や投資の話は何もしていませんしね。

ここでも、金融収入は投資額の4％で計算しておいて下さい。投資と聞くと「倍々でお金が殖える」というようなイメージを持っている方もいますが、実際には株式投資などのリスクを取った運用でも長期的な平均で年4％も殖えれば十分なのです。

☆10年後の希望年収は？　（単位：万円）

| | 現在収入（年収） | 10年後（年収） |
|---|---|---|
| 本業 | 360 | 480 |
| 副業 | 0 | 120 |
| 金融 | 0 | 120 |
| 合計 | 360 | 720 |

10年先ともなると「その頃にはもう会社を定年退職して、年金生活だよ」という人もいるでしょう。その場合は、本業か副業のところに年金の予定受給額を入れて下さい。

ここでも、自分の年金がいくらになるのか、わかっていない方は多いのではないでしょうか。

受け取り可能な年金額については、「ねんきん定期便」を確認するか、日本年金機構のねんきんネット(https://www.nenkin.go.jp/n_net/)や、厚生労働省の公的年金シミュレーター(https://nenkin-shisan.mhlw.go.jp/)もあります。また、全国の年金事務所や街角の年金相談センターでも、年金見込額の試算や年金記録を確認することができます。

なお、本書に出てくる全てのワークに共通ですが、1回やって終わりということはありません。行動が進んだり、新たな知識を得たり、時間が経過したりして状況が変わればワークをやり直して、最新状況にアップデートして下さい。

ノートと行動で、人生がらせんを描いて向上していくイメージです。この本も、人生のステージが上がってから読むと、全く別のものに見えるはずです。

ノートに書いて行動をしながら、ぜひ何度も、読み直して下さい。

## ◇6◇ 理想の状態をイメージして、目的と目標を決める

10年後の収入を、想像できたでしょうか。副業は始めてもいないし、資産運用も今はイ

メージできない。それどころか、10年後に本業がどうなっているかすらわからない……。

でも安心して下さい。それが普通です。

実を言えば、私自身だって10年後の収入がいくらかはわかりません。10年後どころか、来月の売上すらいつも予想からブレています。人間に未来予知能力はありませんから、当然ですよね。

ではなぜ10年先のことを考えるのか？

**理想の状態をイメージして目的と目標を決めるのは、「方向性」を決めるため**なのです。どうなりたいか、どうありたいかを考えることは、幸せになるためにも重要ですし、お金を増やす上でも必要なことです。

明確な目的や目標があれば、お金を貯めたり稼いだりすることは簡単になります。行動も続きやすくなりますし、周りの方から応援も得られるかもしれません。

お金は手段でしかありません。「宵越しのゼニは持たない、破天荒な人生を送りたい」と考えていれば絶対にお金は貯まることはありません。

逆に「全てを犠牲にしてでも、とにかく1円でも多くお金を貯めたい」と決めればお金は貯まるでしょうけれど、それで幸せになれるかどうかは、別の問題になります。

私は仕事柄、「お金を稼ぎたい」という方にたくさんお会いしますが、**「何のために稼ぐのか」「いくら稼ぎたいのか」という質問に明確に答えられる人はほとんどいません。**

そしてここが曖昧なまま動き出してしまうと、行動は止まりがちになります。ですから、私が長期でサポートさせて頂く場合には、必ず、最初に目標設定をします。

お金を増やす目的、つまり将来にどういう状態になりたいのかということ。そして目標、つまりいつまでにいくらのお金があればその状態は達成できるのかということを、ノートに書いてみて下さい。例えば、こんな感じです。

**●目的……家族みんなで海外に住みたい**

**●目標……10年後に、対面でなくてもできる副業で年収1千万円**

いかがでしょうか。方向性はそれなりに明確ですよね。しかし細かいところは曖昧です。

海外というのは具体的にどこなのか、そもそも何のためか、どれくらいの生活水準で暮らしたいのか、移住なのか長期滞在の旅行なのか、本当に1千万円も必要なのか、海外で就職すれば良いのではないか……などなど、私だったら確認してみたくなることはたくさんあります。

仕事が忙しくて余裕のない毎日を送っていたとしても、**目的と目標によっては、さらに別のことにも時間やエネルギーを注がないといけないかもしれません。**転職や副業、資産運用などが必要になることもあるでしょう。

目的と目標を明確にして、それに合った行動をしましょう。目的や目標を一度決めると変えられない気がして怖いという人もいますが、そんなこともありません。何もないよりはまずは仮に設定して、たまに見直しをしていくくらいの感覚で始めればいい。気軽に動き出しましょう。

## ◇7◇ ベストタイミングは今！ ノート術を始めよう

目的や目標を設定してノートに書き、それを何度も見直すだけでも、人生はちょっとずつ変わります。自身に合ったステージを選んで、お金のことをノートに書いて考える習慣が身につけば、お金は増えるはずです。

誤解を恐れずに言えば、ノートに書く「だけ」でお金は増えるんです。だったら、今すぐやらない手はありません。早ければ早いほど、大きな結果が出ます。

そろそろ1章が終わろうとしていますが、ここまで実際に手を動かして、つまりノートに書きながら取り組んでいる人はどれだけいるでしょうか。

まずはざっと読んでみて、良さそうなワークがあったらあとでやってみよう。そう考えても無理のないことです。私もそういうタイプですし、むしろそれがごく普通の感覚でしょう。

ただやはり、**結果が出るのは行動した人だけ**です。ここまで読みながらすでにノートに何か書いているとしたら、お金が増える可能性は高まっているはずです。そうではない方も今からでももちろん遅くはないので、ノートに何か、書き出してみて下さい。

早ければ早いほどいいけれど、何かを始めるのに、遅すぎることもありません。私が本格的にノートに書き始めたのは30歳を過ぎてからでしたし、会社を辞めて起業したのは38歳。今は47歳ですが、まだまだこれから新しいことにチャレンジします。カーネル・サンダースがケンタッキーフライドチキンを創業したのは65歳のときでした。

私くらいの年齢になると「自分はもう良いから、子供の教育に……」などと言って自分への投資や勉強を止めてしまう人が増えます。しかしこれは本当にもったいない。私も中学生の子供がいるのでその気持ちはわからなくもないのですが、まだ50年以上も人生が残っているかもしれないのです。

今がベストのタイミング。

本書を読んでいる読者のみなさんはもう動き出しているとも言えます。あとはノートを買ってきて、書くだけ。リスクは何もありません。

**【1章の確認】**

□自分のステージは確認できましたか？

□現在の収入は確認できましたか？

□10年後の収入は確認できましたか？

□お金を増やす目的と目標は明確ですか？

□ノート術をいつ始めますか？

# 2章　お金が「貯まる」ノート術（資産がマイナス）

## ◇1◇ 『収支が見えるノート』の書き方

まだ資産が少ないうちは、稼ぐことも簡単ではないですし、資産運用で殖やすのも効果的ではありません。**まずは収支を見直し、「貯める」ことから始めます。**

「稼ぐ」「殖やす」ステージの方は、本章で解説することはすでにマスターしている部分も多いはずですが、全ての基本になるところなのでざっと読むことをお勧めします。

『収支が見えるノート』は、左ページのような感じです。見て頂くとわかるように、シンプルに月の収支を全部書き出せばいいのです。すごく基本的なことですが、基本だけにとても重要です。

やったことがない、もう何年もやっていない、という人も多いはず。

1章の「収入」では年収をベースにワークをしましたが、収支を見ていく上では、月間の収支を扱います。賞与（ボーナス）についてはいったん考えず、月の収支だけで考えて

☆『収支が見えるノート』の例　（単位：万円）

| | 先月 | メモ |
|---|---|---|
| 本業収入 | 30 | ちょっと残業少ない |
| 副業収入 | 0 | |
| 金融収入 | 0 | |
| 収入合計 | 30 | |
| 税金 | 1.9 | |
| 社会保険料 | 4.3 | こんな高いの？ |
| 住居費 | 8.5 | 引っ越しを検討？ |
| 食費 | 5 | 外食が多かった |
| 光熱費 | 3.5 | また値上がり…… |
| 通信費 | 0.8 | 格安SIM検討 |
| 衣服 | 2.2 | |
| 交通費 | 0.9 | |
| その他 | 1.2 | 誕生日プレゼントあり |
| 支出合計 | 28.3 | |
| 収支合計 | 1.7 | |

いきましょう。金額は千円単位で書くと、より明確になります。

まずは先月分だけをノートに書き出してみましょう。

臨時の支出があったので先月と先々月では全然違う、先月は残業が少なかった、季節によって使うお金も違う……さまざまな事情はあると思いますが、そういうことを言い出すとキリがないので、まずは先月分だけ書きます。

**記憶に頼らず、給与明細や家計簿、レシートなど何でも引っ張り出して、できるだけ詳しく、入ったお金と出ていったお金を書き出していきます。**

賞与を含めて、年間の収支を見える化するのも、やり方はほぼ同じです。ただし、年に1回だけ発生するような支払いもあるので忘れずに書き出して下さい。

年間で発生する支払いとは、例えば、旅行や帰省の費用、自動車の保険・車検・税の支払い、年払いのサブスク契約などです。他にもスマホや家電、家具の買い替えのような突発的に発生するように見える費用も、平均的に毎年なにかしら支払っていたりするものです。

この辺りはノートに書いて考えないとなかなか思いつかないかもしれません。**クレジットカードの履歴を1年分見直すことも有効**です。

いかがでしょうか。税金や社会保険料、意外と高いですよね。他にもイメージよりも使っている項目がいくつか、見つかるはずです。

「あれ？　何に使ったかわからない、謎のお金が数万円もあるぞ」

家計簿をつける習慣がなければ、こうした気づきも当然あるでしょう。これも「貯める」ための出発点になります。

**意識しなければ、何となく入ってくるお金を使って、何となく給料日前にはそれがなくなるというサイクルになりがち**です。余計なことを考えなくて良いので楽ですが、その状態が一生続くと将来は悲惨です。

「給料が上がれば改善する」と思いたいところでしょうけれども、残念ながらそういうお金の使い方をしている人は、給料が上がると支出も自然に増えます。あればあっただけ使ってしまうので、月収100万円でも貯金はゼロ……そんなことが普通に起こります。

まずは何にいくら使っているかを把握するところから。そして、その状態を変えられないか、と考え始めることからです。ノートはそのための、強力なツールです。

**スマホで予算管理ができる「マネーフォワードME」などのデジタルツールもお勧め**です。デジタルとアナログは使い分けなので、それぞれの強みを活かして両方使っていけば良いでしょう。

## ◇2◇ 固定費と変動費を分けて、減らせる支出を探す

では、どうやったら資産が増える、つまり貯金ができるようになるでしょうか。

方法は大きく分けて2つあります。収入を増やすか、支出を減らすか。収入－支出が手

元に残る金額になるので、当たり前ですよね。

収入を増やす方法は4章でお伝えするとして、まずは支出を減らすことから始めます。

「いや自分は収入を増やす方でやりたい」と思うかもしれません。しかし先ほど書いた通り、現時点で全く貯金ができていない人が収入を増やしたところで、同時に支出も増えるのでやはり貯金はできません。

まずは支出をコントロールすることを学び、貯まる体質に変えていきましょう。

ここで必要になる考え方が、「固定費と変動費」です。

☆固定費と変動費の分類

| 固定費 | 変動費 |
|---|---|
| 家賃 | 衣服費 |
| 電気 | 食費 |
| ガス | 本・雑誌 |
| 水道 | 飲み会 |
| 携帯 | ネットフリックス |
| インターネット | ガソリン代 |
| 保険料 | お菓子 |
| 定期券 | 映画 |
| …… | …… |

**毎月ほぼ同じ金額が必要で、変えるのが大変なのが固定費。金額が変わる・変えられるのが変動費**です。

家賃は典型的な固定費で、電気・ガス・水道代や電話代も大部分が固定費です。

一方で、服やクツ、カバンといったものを買うための衣服費はちょっと贅沢な変動費。食費は必要なものですが、変動費。私の大好きなカフェ代も変動費ですね。

ネットフリックスなどのサブスクリプション契約は、固定費のように見えますが、すぐに解約が可能なので変動費です。

私は、観なくなったらすぐに解約しています。ずっと契約をしているなら固定費に入れて下さい。

このように、固定費と変動費を分けることは、そんなに簡単ではありません。大切なのは考え方です。

先月、使ったお金を全てノートに書き出したら、一つひとつの項目に対して、「これは毎月、決まった金額が必要になるか？　収入が増えても減っても、それは変わらないか」

を自問自答して下さい。

答えがイエスなら固定費、ノーなら変動費に分類しましょう。

そうしていくと中には、「減らそうと思えば減らせるはずだが、毎月ほぼ一定額以上を使ってしまっている」という項目が出てくるはずです。例えば、服を毎月3万円分買っている、というように。これは固定費ではなく、変動費です。そしてこういう項目は、出費を減らすための有力な候補になります。

まずはすぐに変えられる変動費から、減らしていきます。書き出して眺めるだけで、減らせる項目は見つかるものです。

固定費でも、引っ越しをすれば家賃は減らせますし、スマホの契約を見直すとかなり大きな支出が削れますので、人によってはそれも効果的な見直しになります。**まずは変動費からですが、固定費が減ると効果は大きい**ので、そちらも検討してみて下さい。

ところで、私は節約という言葉はあまり好きではありません。辛い思いをして一時的に何かに耐えても、それが長続きするとは思えないからです。またお得なクレジットカードやポイントカードをたくさん持ち歩いてポイントを貯めることにも、それほど意味を感じません。いずれも、やらないよりはマシくらいの感覚です。

**まずはノートに書いて全体を眺めること。お金を増やす目的と目標が明確で、ノートで現状を把握できていれば、お金の使い方は自然と変わります。無理をしないのでリバウンドもしにくいし、お金が貯まる体質に変わっていくものです。**

ダイエットでも、食べたものと運動、体重の変化を書いたり写真を撮って記録するのは重要です。食べたいものを我慢するのもプロセスとしては必要なのですが、「入ってくるものと出ていくものを可視化する」ことで、目的に向かって行動できるようになるという順番が正しいと私は思います。

私は自分の意志の弱さに自信があります。だからいつも、意志の力に頼らなくて良い方法を考えます。ほとんどの人の意志は弱いので、我慢することを前提とした計画はどこかで止まってしまいます。

**まずは月の収支を記録する。これを月1回「やるだけ」で、お金が貯まるようになります。**ノートとレシートを持ってカフェに行き、収支が見えるノートを書きましょう。

## ◇3◇ クレジットカードとポイントにどこまでこだわるか

「お金を貯めたいならクレジットカードに全部ハサミを入れて、解約しろ」というのは節約本では主流とも言える考え方です。これは主に、少し前の時代のアメリカ人向けのアドバイスという気がしますが、今の日本でも当てはまる人はいます。

それは、買い物依存症の傾向がある人です。次のような人は要注意。すぐにでもカードを解約した方が良いでしょう。

・クレジットカードを持っていると必要のないものを買ってしまう
・給料日前に現金が足りなくなってカードで買わざるを得ない
・3回以上の分割払い、もしくはリボ払いをしている

私もサラリーマン1年目のときはとにかくお金がなく、飲み会の支払いをカードで済ませ、参加者から現金を回収して「キャッシュフローの改善!」などと言っていましたが、これは最低の自転車操業です。

これだと確かに手元の現金は増えていますし、カードのポイントも少し貯まるかもしれませんが、実際にはお金は減っていますよね。カードの間違った使い方です。

**支払い方法が現金であれクレジットカードであれ、何を買うかにあまり影響はないという方は、カードはむしろ積極的に使うべきでしょう。**ポイントも貯まりますし、何にいくら使ったのかが一箇所に記録できて明確になるので、お金の使い方の改善をすることができます。

ポイントについてはどうでしょうか。節約本や雑誌の特集記事では「得をするクレジットカード」「知らないと損をするポイント」といった内容にも多くのページが割かれています。「ポイ活（ポイントを貯める活動）」という言葉があります。物価が上がり始めて、慌ててポイ活を始める方も増え、ちょっとしたブームになっているようです。

私も一時期、この「お得情報」にハマり、徹底的にクレジットカードやポイントカードの比較検討をしていました。今で言うポイ活です。カードを複数使う裏技もあったりして、面白いですよね。

しかし今は年に1回程度、最新の情報を雑誌でチェックする程度です。多少お得な情報があ

ったとしても、わざわざカードを切り替えたりお金の使い方を変えることはほとんどありません。

こういった情報は、知らないよりは知っていた方が得をすることがあるというのは事実なのですが、実はたいした効果はありません。

**今やポイントの還元率はかなり下がり、高くても平均するとせいぜい1％程度。ある程度やったら、あとは調べ尽くして他のベストな手段を追求しても、改善する幅は0・1％以下**と、かなり寂しいものになっています。

ガソリンを入れるときはガソリン会社のカードが良いとか、提携状態を調べて用途ごとにカードを使い分けてポイント還元率を上げるなどという方法もありますが、「ポイントを調べ尽くしてお金持ちになった」という人を見たことがないので、そこまでやらなくても良いのでは……というのが私の率直な意見です。

私は**「得をする」という観点よりも、「収支が見える・便利である」という点を重視**しています。

カードは個人用に航空系JCBカード、会社用に会計ソフトFreee連動のVISAカード、もしものときの予備に銀行のキャッシュカード兼用のVISAカード、この3枚だけです。

感覚的には、管理できるカードは3枚まで。会計ごとにどのカードを使うか考えるのも面倒なので、シンプルが一番です。

以前はゴールド、プラチナといったカードも試してみましたが、全くお得ではないですし、大して便利でもないのでやめて、今は会費がゼロに近いノーマルカードだけです。

あとはApple WatchにSuicaを入れてオートチャージを設定。定期券・交通費、コンビニなどの少額決済は全部これです。出かけるときに財布を持つことも減りました。スマホすら持たずに外出することもあります。

JREポイントとSuicaは連動させてあるので勝手にポイントが貯まりますが、それ以外の個別のポイントカードは持っていません。1％くらいの還元のために、会計のときにわざわざポイントカードを出し、レジの時間がかかるのが耐えられないからです。

ＰａｙＰａｙなどの二次元コード決済はキャンペーンで大量のポイントがもらえるときだけ使いましたが、普段は全く使いません。やはり決済に時間がかかるからです。

Ｓｕｉｃａはアプリの起動も必要なく、残高もオートチャージなので意識する必要がなく、ただ腕時計を置くだけで瞬間的に決済が終わるので、最強です。慣れるとスマホを取り出すことすら、面倒に感じます。

レジで10秒削減できるか、ポイント１％還元されるかだと、私は前者を選びます。時間はお金よりも価値があります。

**時間が削減できるならお金を払ってでも削減して、その浮いた時間でお金を稼げば良い。**そんな風に考えています。節約アドバイザーの方だったら絶対に、言わなそうなことですが。

世の中にポイントや細かな節約術について書かれた本や雑誌が多いのは、それらが売れるから、そして「収入を上げることはできない」と諦めている人がほとんどだからです。お財布に大きな穴が空いている方はそれを塞ぐところから始めなくてはなりませんが、本質的には節約の効果は限られています。

それよりも、収支のバケツに空いた大きな穴だけ塞いだら、あとは収入アップの方法を考えた方が良いのです。

もっと「稼ぐ」視点のあるお金の本があっても良い。実はこれが、本書を書いた理由でもあります。ノートに書いて考えて、まずは頭脳に投資をして、できるだけ早く信用や金融資産に投資できるようになりましょう。

## ◇4◇ 急いで返さないといけない借入の見極め方

一般的に「借金は悪」と考える方が多いようです。しかし、借入の全てが悪というわけではありません。ビジネスをしていく上で、金融機関から借入をするのは普通のことです。

私が金融機関に勤めていたときはお金を貸す立場でしたが、取引先の会社に「適切な借入はした方が経営効率が良くなり、企業価値が高まりますよ」という提案をしていたくらいです。これは決して、嘘ではありません。

個人であっても、低金利の住宅ローンや車のローンを慌てて返す必要はありません。むしろ**低金利で借りられるなら目一杯借りて、その分を資産運用に充てた方が、全体としては得**になります。

私もサラリーマン時代は数千万円の借入をして投資用不動産を保有していました。もっとも、借入をしてまで資産運用をする必要は、ないのかもしれませんが。

また、「(退職金などの)まとまったお金が入ったので、住宅ローンを全部返してしまいます」という方がいるのですが、これはもったいない。状況にもよりますが、ビジネスか運用の資金にしたら良いですよ、というアドバイスをすることもあります。

つまり、「良い借入」「普通の借入」もあるのですが、では、すぐにでも返済するべき「悪い借入」とは何でしょう。

それは高金利の借入です。**消費者金融やクレジットカードのリボ払いに代表される、**

**金利が10%を超える借入は、一刻も早く返済すべき**です。

**「リボ払いって借金なの？」と思った方は、かなり危険**です。説明するので、ここで絶対に知っておいて下さい。

クレジットカードは一般的に、2回払いまでは利用者には手数料がかかりませんが、3回以上に分割すると、手数料という名前の実質的な金利がかかります。その割合は会社によって違いますが、12〜18%というなかなかの高金利。もちろん、カードを使った現金の引き出し（キャッシング）は明確な高金利の借入です。

リボ払いに至っては、非常に悪質な借入です。毎月決まった金額の返済で良いという、一見お得で便利なサービスに見えますが、いつまでも元金がなくならず、しかも法律ギリギリの高金利が延々とかかります。気がつくと使用額をはるかに超えた金利を支払うことになります。

契約した瞬間にリボ払いが設定されている悪質なカードすらあります。私も新しいカードを契約して数ヶ月気づかず、高金利を支払ったことがありました。あれは本当に悔しい思いをしました。カードのリボ払いの設定を今すぐ確認して、オフにして下さい。

複数の借入がある人は、次の3点をすぐにノートに書き出しましょう。

・どこからいくら借りているか

・金利は何%か

・毎月の返済日はいつか

そういう状態のときには現実を直視するのがイヤなものだと思いますが、通常の状態に戻るための道は他にありません。

悪い借入があるのなら、金利の高い方から少しずつでも、返していきましょう。

何らかの依存症があるなど、独力では厳しい場合は公的機関や弁護士などの支援を受けることも検討してみて下さい。

また、長期的に消費者金融からの借入が

☆借入一覧表

| | 借入額 | 金利 | 返済期限 | |
|---|---|---|---|---|
| A社 | 100万円 | 12% | 1日 | |
| B社 | 50万円 | 18% | 10日 | ←最優先で返済！ |
| Cカードリボ | 20万円 | 15% | 20日 | ←急いで返済！ |
| D（友人） | 30万円 | 0% | 期限なし | |
| カーローン | 120万円 | 3% | 25日 | |

続いているなら、過払い金請求をすることで借入を減額することも可能かもしれません。多重債務相談窓口（https://www.fsa.go.jp/soudan）もあります。

## ◇5◇ 借入返済も貯金も実現する、唯一の方法は天引き

お金は便利な道具です。何でも好きなものと交換することができて、あればあるほどさまざまな欲望を充足してくれます。これは裏を返すと、あればあるほど使ってしまうということでもあります。

今の日本では、生活保護を考慮すれば、本当の意味で食べていくのにも困るほどお金がないという人はほとんどいません。

最低限の生活は、月に数万円あれば可能です。かといって、その最低限の数万円にプラ

ス1万円あったとしても、その1万円を貯金できるというものではありません。あればあるだけ、使ってしまうのです。

月に50万円、100万円を稼いでも、全く貯金できない人はたくさんいます。50万円の収入があるなら50万円の生活水準に、100万円なら100万円の生活水準になってしまうのです。

しかも一度上げた生活水準を下げることは極めて難しく、高収入の状態から急に収入が減った人が一番「お金が足りない」という感覚が強くなるでしょう。

では私たちは、いくら稼いでもそれを全部使ってしまうので、いつまでもお金を貯めることはできないのでしょうか。これはこれで、おかしな話です。実際にお金を貯めて、資産を形成している人もいるからです。

彼らは、どうやってお金を使わずに貯金をしているのでしょうか。答えは明確です。**天引きで貯金をするしかありません。**

給料が入ったら最初に貯金をして、残ったお金で生活をしていくやり方が正しいのです。

つまり、こういうことです。

**× 収入 ー 使えるお金 ＝ 貯金**
**○ 収入 ー 貯金 ＝ 使えるお金**

どちらも同じ式なのですが、意味するところが違います。お金を振り分ける順番が違うのです。

**どうせ手元のお金は全部使ってしまうのであれば、最低限の生活費だけ残してあとは全部、天引き貯金してしまえ**……というのが、お金が貯まる考え方です。

## ◇6◇ 生活資金と貯金で口座を分けて、ネット証券で貯める

天引きで貯金をしても、お金が足りなくなるたびに簡単に引き出せるようではお金が貯まりません。特に今はネットバンキングがあるので、外出中にスマホからでも楽々、資金の移動ができてしまいます。便利すぎるのも考えものです。

豚の貯金箱をご存知ですか？　ガラスでできていて、お金を入れるところはあっても取り出せるところがなく、お金を出そうと思ったらそれを叩き割らないといけない、古いタイプの貯金箱。ＳＤＧｓのこの時代にはもう叩き割る貯金箱は珍しいかもしれませんが、ここではイメージとして使わせて下さい。

あの貯金箱の良いところは、簡単にはお金を使えないことです。貯金箱自体が数百円くらいしますから、割ってしまうのはもったいない。だからこそ、多少お小遣いが足りなくなっても、何とか他でやりくりしたり我慢したりします。

どうしても必要なときだけ、決意を持ってハンマーを取り出すわけです。

お金を貯めたいなら豚の貯金箱と同じようなことを、つまりできるだけお金を引き出しにくい環境を作り出すことをお勧めします。

私はサラリーマン時代、社内預金に目一杯、天引きでお金を入れていました。社内預金は引き出すときに上司の承認が必要で、そのときに「何に使うか」も書かなくてはならない。ちょっと恥ずかしい思いをすることから引き出しにくく、お金を貯めるには都合が良かったのです。

そういう環境のない方は、**積み立て型の定期預金か、証券口座がお勧め**です。

## ◎積み立て型の定期預金

多くの銀行で提供しているサービスです。あらかじめ手続きをしておけば、毎月、決まった金額を定期預金の口座に自動的に移してくれます。金利も普通預金と比べれば少しは高いのですが、そちらはそれほど大きな差ではありません。それよりは、期限が来る前に引き出すには手続きが必要であり、ペナルティとして手数料がかかるところが、ブレーキになって良いのです。

## ◎証券口座

投資信託を売買したり、株式投資をするために必要となるもので、証券会社に開設する口座です。大手証券会社の店舗に行って開設することもできますが、ここでお勧めしたいのはネット証券会社です。

「大手で店舗があった方が安心なのでは？」と思われるかもしれませんが、そういう「サービス」が充実している大手の金融機関は手数料も高いので、ネット証券の口座を開設した方が有利です。

ネット証券はたくさんありますが、ＳＢＩ証券か楽天証券がお勧めです。いずれも大手で手数料も安く、金融商品の取扱種類も豊富です。

定期預金も証券口座も、普段、財布がわりに使っている普通口座とは別の口座です。**お金を引き出すときに手間がかかる、あるいはペナルティがあることで、引き出しにくいのが長所**になります。天引き貯金にはピッタリだということです。

毎月給料日になったら、天引きで自動的に、そういう引き出しにくい口座に入金されていく仕組みを作りましょう。ネット銀行には毎月決まった額を自動的に振り込みしてくれる「自動振込サービス」があります。あとで説明するつみたてＮＩＳＡやｉＤｅＣｏなどに投資してしまうともっと良いですね。ｉＤｅＣｏは60歳になるまでは本当に引き出せなくなってしまうので、注意が必要ですが。

そこまでするのが大変でも、**少なくとも使う口座と貯める口座は分けるべき**です。生活費の口座に「余分なお金」があると、それは「使っても良いお金」と認識してしまうのが人間です。意志の力を余分に使わないで済むために仕組みを作り、環境を整えるのです。

## ◇7◇ ちょうど良い天引きの金額を決める方法

ではいったいいくらが、天引きすべき金額なのでしょうか。これには2つの回答があります。一つは、「**ギリギリの生活になる（一歩手前の）金額**」。

これが今、理論上実行できる、最大限の貯金額です。一度くらいは、これを試してみるのも面白いかもしれません。

そしてもう一つは、「**目標から逆算して決まる金額**」です。

つまり将来のある時点で必要となる金額を、今から少しずつ貯めていくという考え方です。仮に、目的を達成するためには10年後に1千万円が目標だとすると、1年に100万円。月に8万3千円くらいですね。

目標が同じでも、もし賞与で毎年20万円貯めるなら、月額は6万7千円くらいに減ります。簡単な割り算ですよね。ただし、必要な貯金額が前述の「天引きするとギリギリの生活になる金額」を上回っていると、その計画は現実的ではありません。

「いやいや、資産運用でも殖えるでしょ！」という意見もありそうです。株式投資はリスクがありますが、必要な金額と時期が明確なら、そしてその期間が10年以上もあるならば、平均的に年４％は殖えるものと期待して計算しても良いかもしれません。

それならば、賞与を考えなくても月額７万円を切るくらいの額でいけそうです（年利４％が年末に計上される前提での複利計算。ここをあまり厳密に計算する意味はないので、ざっくりです）。

実際には、貯めつつあるお金を臨時支出で使わなくてはならない局面もあるでしょうから、多少余裕を持って天引きの金額を設定していくという感じになるでしょう。

あまりにも現実味のない金額になってしまったり、逆にあまりにも余裕があるなら、目標そのものを見直して下さい。

## ◇8◇ お金を使うときは、メリット・デメリットを書き出して一晩寝かせる

いかにお金を使うか。

お金の使い方は、お金を貯めていくこととは切っても切り離せない問題です。

百貨店などに買い物に行き、お気に入りの財布がいくつか見つかったときのことを想像して下さい。あるいは服も欲しいし、カバンも欲しい。そんなとき、どれを買うか、もしくは買わないか、どうやって決めますか。

直感に従って、適当に決めるのも悪くはありませんが、後悔を減らすためにはちょっとカフェに立ち寄って、ノートを開いて考えてみて下さい。

簡単な表ですが、百貨店のカフェで書くことを想定すると次ページの表くらいが妥当でしょう。ノートがなければ紙ナプキンなどに走り書きするくらいのイメージです。私は買い物に限らず、何か迷うことがあったら良くこの「メリデメ比較」をします。

☆『お金を使う判断ノート』は、
買い物のメリデメを書き出す

| | メリット | デメリット | 評価 |
|---|---|---|---|
| 欲しいものA | とにかくワクワクする<br>人に自慢できる<br>自己肯定感が上がる | 予算オーバー<br>そんなに使わないかも | △ |
| 欲しいものB | 機能的には十分<br>予算内に収まる<br>当初探してたもの | ワクワクしない<br>自慢はできない | ○ |
| 今は買わない | 予算を他に使える<br>特に困ることはない | ワクワクしない<br>せっかく買うと決めたのに、残念な気持ち | △ |
| 半年後に買う | 特に困ることはない<br>新作が出るかも | 特にない | ◎ |

この面白いところは、「どれを買うか」だけでなくて「今は買わない」「半年後に買う」という選択肢を入れてメリットとデメリットを検討しているところです。

商品Aか商品Bを買わなくてはいけない、というのは思い込みかもしれません。買わなかったら何が起こるか？　と考えることで、それを買う必然性がはっきりして、自信を持って買えるようになるかもしれません。

商品Aと商品Bを比較して、どちらでも良いとなったらどうするか。

買わない理由がないのであれば、そのときはどちらを買っても良いでしょう。そもそも迷うということは、AとBの選択肢に大きな差はなく、どちらを買っても良いのです。きちんと論理的にAとBを比較して買っているので、どちらに決めても後悔がなくなります。

**私たちは何かを買うとき、感情で決めてから、理屈で言い訳をします。**

どんなに論理的に考えても、直感で良いと思った結論が変わることはほとんどないでしょう。ですから、これはより正しい選択をするためというよりも、後悔を減らすための手法です。それはそれで、大切なことです。

**直感に自信がないときは、一晩寝かせてみるのも有効**です。

買い物をするときは気分が高揚しているので、冷静な判断はなかなかできません。本来はさほど欲しくはないものであっても「買う」判断をしやすいのです。お金を使うこと自体は楽しいですし、お金を使ったことでさらに興奮しますから、何か一つ買ったら他のものも欲しくなってしまうのです。

買ったことを後悔するのは家に帰ってからとか、寝て起きてから「なぜこんなものを買ったのだろう」となることが多いのではないでしょうか。

そうであるなら、メリデメを書き出してから一晩寝かせてみる。単に欲しいと思ったら一晩寝かすのではなくて、メリデメを比較してから寝るのがポイントです。寝ている間も脳はかなり稼働しているので、考えが整理されます。寝て起きて、それでもなお欲しいのであれば、それはもう買い、でいいでしょう。

ちなみに、ビジネスの世界では、何か一つを買ったら他のものも欲しくなってしまう心理を利用した「**クロスセルとアップセル**」という売り方がもはや常識になっています。

**安い商品を買うと判断した人に、間髪を入れずにそれと関係したオプションや、もう少し高い商品を提案するとすごく売れやすい、という技術**です。

ハンバーガーが食べたかっただけなのに、「ポテトはいかがですか?」「ドリンクとのセットがお得ですよ?」と言われて思わずセットを注文してしまった経験があるでしょう。

一晩寝かすということは、冷静になれるということです。買い物自体の楽しさは減ってしまうかもしれませんが、その分、後悔の少ない合理的な判断ができます。興奮が冷めたら欲しくないのであれば、そこまで欲しいものではなかったということでしょう。

特に、手元にお金がないのにクレジットカードであれば払える、という判断をしてしまう人は、じっくり考えて下さい。本当に欲しいものであればお金を貯めてから買えば良いはずです。

「こんなに気に入ったものに出会えたのは運命だ! これは今、買えということだ!」

こうして衝動買いを繰り返す人がいますが、それはあまりにも感情的すぎる判断です。

ノートに書くことによって客観的に、冷静に考えることができれば、それがいつでも手に入るものであるとか、同じようなものがまた見つかる可能性が高いことは理解できるはずです。

まずお金を使う際のマイルールを作って、それを守ることから始めてみましょう。

「迷ったらノートに書いて考える」

「1万円以上の買い物は一晩寝かせる」

**感情だけで判断する回数を減らせば、お金は貯まっていきます。**

【2章の確認】

□『収支が見えるノート』を書いてみましたか？
□変動費・固定費を見直しましたか？
□クレジットカードとポイントについて理解しましたか？
□すぐに返さないといけない借入は明確ですか？
□天引きの金額を決めましたか？
□『お金を使う判断ノート』を書いてみましたか？

# 3章　お金が「殖える」ノート術：準備編（資産0〜100万円）

## ◇1◇『夢100ノート』の書き方

バケツの穴を塞いで、お金が貯まるようになり始めたら、次のステージへと進みます。

これからもお金を貯める習慣を続けていくのはとても重要ですが、そればかりでは飽きてしまいますよね。本格的に「殖やす」にはまだ少し早い方にも、小さく動き出して頂けるよう、本章ではお金を殖やすノート術の、今すぐできる「準備編」についてお伝えしていきます。

これからお金を稼ぎ、お金を殖やしていくわけですが、その前に、改めて自分の価値観を明確にしておきましょう。しつこいようですが、これがとても重要なのです。お金は手段に過ぎませんから、お金を増やすこと、それ自体が目的となると意味がありませんし、継続も難しくなります。

ここでは、割とオーソドックスな手法ではあるのですが、**夢を100個ノートに書き**

**出すワーク『夢100ノート』**をやってみて下さい。最初はジャンルに分けないで、思いついたことをどんどん書き出していくとやりやすいかもしれません。

「夢」と言われると何か大きなもの、立派なものを書かなくてはと考えてしまうかもしれません。実際にこのワークをすると、100個どころか全く書けない、書くのが怖いという方も多いようです。でもそれは考えすぎです。**書いたことを全部実行しなくてはいけないわけではありませんから、まずは無責任に書けばいい**のです。

書く内容も、夢という言葉が大きく感じるのであれば、やってみたいこととか行きたい場所、会いたい人、欲しいものや食べたいものと言い換えるとどうでしょう。これくらいなら、書けそうな気がしませんか。私は行きたいところだけで20カ国くらい書けます。「BMWが欲しい」「ベンツに乗りたい」などと、似たような内容があっても構いません。

できればじっくりと時間をかけて、100個以上を書き切って下さい。私は年に何回か、ノートに書いて人生をじっくり考える一人合宿をやっています。その一人合宿のたびにこのワークを実施するのですが、10年前に書いた内容を見返すと、かなりの部分が実現して

| | 家庭 | 健康 | 精神 |
|---|---|---|---|
| | 妻と仲良く | 100歳まで生きる | 電車に乗らない生活 |
| | 子供たちから尊敬されている | 80歳までバリバリ仕事をする | 他人に嫉妬をしない |
| | 週に一度は家族で外食をする | 最後まで自分の歯で食事をする | 毎日、瞑想をする |
| | 記念日を大切にする | ジムに週3回、通う | 人助けを最優先 |
| | 月に一度はデートをする | トライアスロンの大会に出る | 朝は自然に目覚める生活 |
| | 子供たちのやりたいことを応援 | フルマラソンを完走する | 嘘をつかない |
| | | | |
| | | | |

☆『夢100ノート』の書き方

| 経済 | 仕事 | 社会 | |
|---|---|---|---|
| 年収1千万円 | コンサルタントになる | アフリカに旅行 | |
| 資産1億円 | 好きな人とだけ | 毎月海外旅行 | |
| ビルを持つ | 好きな場所で | 夏は北海道、冬は沖縄に住む | |
| 別荘を持つ | 週3日だけ働く | 行きつけのバーを持つ | |
| クルーザーを所有する | ルーチンワークを全て外注する | 先生と呼ばれている | |
| BMWに乗る | 全てリモートで | インフルエンサーになる | |
| ロレックス | 本を出版する | ウォーレン・バフェットに会う | |
| タワマンに住む | ベストセラー作家になる | | |

いることに我ながら驚かされます。「起業をする」「コンサルタントになる」「本を書く」などですね。

逆に実現していない項目はどういうものかと言えば「トップで部長になる」「○○部に異動する」「自分の会社を上場させる」「自社ビルを持つ」などです。

会社を辞めて環境が変化したことで実現が不可能になったもの、価値観が変化して興味を失ったものが大半です。まだ実現途中のものもあります。

さて、夢100ノートを書いたら、改めてじっくりと眺めてみましょう。

**その中で、もっとも大切な、譲れない夢はどれですか？** 選んだら、丸で囲んでおきましょう。この作業で、本当にやりたいことが明確になります。重要な気づきが得られるワークなので、どこかで見たことがあると言ってバカにせず、ぜひやってみて下さい。

## ◇2◇ 早く始めて、本格的には500万円くらいから運用で殖やす・守る

本格的な投資を開始するタイミングの判断基準と、今すぐできることについてお伝えします。

1章のステージチェックの解説では、資産を500万円以上貯めてからが、運用して殖やすステージだと書きました。なぜ500万円もの資産が必要なのでしょうか。

他の本には「早く始めるほど良い」と書いてあるはずです。私も、早く始めること自体は賛成です。中学生くらいから、投資の知識はあっても良いと考えているくらいです。

しかし、**資産が100万円しかない人がそれで投資をしても、成果は限られます。** 仮に投資した株が10％上がっても、得られるのは10万円でしかありません。

資産が100万円の人にとって10万円殖えるのは大きな成果とも言えますが、逆に10万円減ったときのダメージも大きいはず。パフォーマンスが気になって、日々、心穏やかで

はいられなくなるでしょう。

それをきっかけに経済や世の中のニュースに興味を持ち、勉強をするモチベーションにするにはいいかもしれませんが、投資としての意味はほとんどありません。

価格の変動に一喜一憂するマイナス面もあるので、むしろその時間を本業や副業に充てた方が良いのではないか、と私は思うのです。

株式投資を例にすると、この段階から実際に投資を開始すれば、個別銘柄の評価方法とか、株価が下がった場合の損切りの考え方など、知識の「勉強」にはなります。

しかし本書でお伝えする「正しい」投資方法においては、個別銘柄を比較して良いものを選んだり、タイミング良く売り買いしたり損切りをするやり方は必要ありません。

そういう知識があってもパフォーマンスはほとんど変わりません。逆に言えば、知識がなくても、正しい投資を実施することが可能です。

さらに言えば、先ほどの例では10%の値上がりと書きましたが、**全資金を株式に投資**

**してフルにリスクを取っても、長期で平均すると、期待できる年間の値上がりはせいぜい5%です。税引き後で4%。**そんなものなのです。

つまり、100万円の投資だと、4万円殖えるかどうか。500万円なら20万円です。ですから投資は資金500万円くらいから本格的に始めればいいのでは、というのが私の考え方です。まずは貯めて、稼いで、それなりの金額を準備できるようになったら本格的に投資をするというわけです。

ただし、この時点で知っておいて頂きたいのは、「**複利の力**」です。

相対性理論で有名なアインシュタインが「複利は人類最大の発明である」と言ったとされていますが、その真偽のほどはともかく、複利は強力な力です。

先ほどの例ですと、100万円が年利4%で殖えたところで4万円でしかないと書きましたが、これが複利の話になってくるとインパクトが変わってきます。

複利とは、金利にもさらに金利が付き、その金利にもまた金利が付くということ。

100万円が単利で年利4%なら、200万円に殖えるのには25年かかります。しかし、複利なら何年で2倍になるか。金利にも金利が付くので、25年よりは早く2倍になりそうですよね。

答えは……約18年です。約7年も短縮しています。年利2％であれば単利で50年に対して、複利なら36年。3％なら単利34年に対して複利24年で2倍に殖えるのです。

ちなみにこの計算を、私は暗算でやっています。電卓は使わず、「**72の法則**」というのを用いています。

これは、**72を金利で割ると、元本が2倍になるのにかかる年数がざっくり出る**、という法則のこと。知っておくと役に立つかもしれません。

☆4％複利で100万円が殖えると？

| | | |
|---|---|---|
| 0年 | 1.00 | 100万円 |
| 1年 | 1.04 | 104万円（+4万円） |
| 10年 | 1.48 | 148万円（+48万円） |
| 20年 | 2.19 | 219万円（+119万円） |
| 30年 | 3.24 | 324万円（+224万円） |

つまり、72÷4≒18という計算です。

4%の金利でも、複利だと1・04の累乗を計算していくことになるので、1・04の10乗で1・48、1・04の20乗で2・19、1・04の30乗で3・24と、10年の複利だと48%殖え、20年なら119%、30年なら224%殖える……というように、加速度的な殖え方をします。

**長い時間をかければかけるだけ、お金は爆発的な殖え方をする**、ということでもあります。

早く資産運用を始める効果は、この複利の力によるものです。本書の文脈から言えば、ある程度まとまった金額をできるだけ早く貯めて、動き始めることが将来の大きな差を生みますよ、ということになります。複利の力、覚えていて下さい。

もう一つ、別の切り口からも、**なぜ500万円から投資を始めるのかを説明するならば、500万円くらいから「守り」の観点が必要になるという点が挙げられます。**

もし今から激しいインフレが起こって貯金の価値がゼロ（なぜそうなるのかは後述）に

なったとして、100万円程度であれば頑張って貯めれば良いのですが、500万円となるとダメージは大きくなります。

これが数千万円、数億円となってくると、さらにそのダメージが大きくなるのはご理解頂けることでしょう。「稼ぐ力」があればまだしも、遺産相続で数億円の資産を受け取った、という資産家にとっては守りこそが全て。そんなに殖えなくても良いから、何があっても減らないようにしたい。実は、**守りこそが資産運用の本質**なのです。

## ◇3◇ 節税は明らかにお得なiDeCoとNISA、ふるさと納税のフル活用

資産運用をしていく上では、節税も気になる要素です。実際、資産数億円以上の富裕層であれば、投資のパフォーマンスよりも、むしろ節税の方に興味があるでしょう。複雑な

仕組みを使ったり海外に資産を逃避させたり、ありとあらゆる工夫をしている方も多くいます。

ただ資産規模がそこまで大きくないなら、手間暇かけて節税に躍起になっても費用対効果が合いません。**サラリーマン・主婦投資家であれば、節税についてはとりあえずiDeCo、NISA、ふるさと納税の3つを押さえておけば良い**でしょう。

この3つに共通する特徴としては、「実質的に無税」になる部分があるということです。証券会社やファンドマネージャーがどんなに頑張っても実現できることではなく、国が税金を免除したことで得られた特権ですので、使わない手はありません。

**◎iDeCo（イデコ・個人型確定拠出年金）**……確定拠出年金法に基づいて実施されている私的年金の制度で、任意で加入できます。

20歳以上65歳未満のほぼ全ての方が加入でき、60歳以降に掛金、運用益、給付を受け取ることができます。受け取るときの税制上の優遇措置が、大きな特徴です。

掛金が全額所得控除され、運用益も非課税で再投資ができ、受け取る際は年金としてなら「公的年金等控除」、一時金の場合は「退職所得控除」が受けられます。掛金の限度額があり、かつ60歳以降しか受け取れないという点を除けば、すごくお得な制度です。

要は、**老後資金をｉＤｅＣｏで運用すれば税金が安くなる**、ということです。もともと給料よりも投資の方が税金は安いのですが、それがさらに税金ゼロになる部分が相当あります。

期限前の取り崩しはかなり面倒なので、**「絶対に取り崩さない」という自信がある範囲の老後資金は、ｉＤｅＣｏ一択**です。

老後資金と言うと若い方はピンと来ませんよね。私は現在47歳ですが、今でも頭のどこかでは「老後資金のことなんて考えたくない。いつまでも稼ぎ続けていれば良い」と思っています。しかし実際に60歳になったとき「やっていて良かった」と実感できるのがｉＤｅＣｏなどによる年金資産の構築です。無理のない範囲で、少しずつ取り組んでいきましょう。

**◎ＮＩＳＡ（ニーサ・Nippon Individual Savings Account）**……「ＮＩＳＡ口座（非課税

口座）」内で、毎年一定金額の範囲内で購入した株式や投資信託などの金融商品から得られる利益や配当金が非課税になる。つまり、投資の利益に税金がかからなくなる制度です。

やはり**投資枠の限度額はありますが、シンプルに、税金がかからなくなるので、有利な制度**です。

ＮＩＳＡも、これの存在を知らないで投資信託や株式への投資をするのがバカバカしくなるくらいの有利な仕組みです。一度使った非課税投資枠はなくなってしまうので、短期的な売買で出し入れする投資方法ではなく、長期的に資金を置いておく運用方法に向いています。

本書でお勧めする投資方法とも相性が良いので、まずはネット証券でＮＩＳＡ口座を開設してみましょう。百聞は一見にしかず。少額で良いので、実際にやってみるとその意味が理解できるはずです。

**２０２４年から始まる新ＮＩＳＡでは、投資枠が拡大され、恒久制度となりました。つみたて投資枠だけでも年間40万円から１２０万円と大幅に拡大されました**ので、毎月10万円のつみたて投資をしても枠内に収まります。これだけあれば十分、という人は多い

## ☆iDeCoの拠出可能金額

| 国民年金保険の加入状況 | 具体例 | 掛金の上限（月額） |
| --- | --- | --- |
| 第1号被保険者 | 自営業者等 | 6.8万円 |
| 第2号被保険者 | 会社員、公務員 | 1.2万〜2.3万円 |
| 第3号被保険者 | 専業主婦（主夫）など | 2.3万円 |

※下限は5千円で1千円単位。
詳細はiDeCo公式サイト（https://www.ideco-koushiki.jp/）を参照

## ☆NISA（新旧比較）

| | 現行NISA | | 新しいNISA | |
| --- | --- | --- | --- | --- |
| | 一般NISA | つみたてNISA | 成長投資枠 | つみたて投資枠 |
| 制度の併用 | 不可 | | 可 | |
| 投資対象商品 | 上場株式・投資信託など | 長期積立による分散投資に適していると金融庁が認可したファンド | 上場株式・投資信託など。一部除外あり | 現行のつみたてNISA対象商品と同じ |
| 年間の投資上限 | 新規投資額で120万円 | 新規投資額で40万円 | 240万円 | 120万円 |
| 非課税保有限度額（総枠） | 600万円 | 800万円 | 1800万円（そのうち成長投資枠は1200万円） | |
| 非課税保有期間 | 最長5年 | 最長20年 | 無期限 | |
| 制度実施期間 | 2023年まで | 2042年まで（新規買い付けは2023年まで） | 2024年〜恒久化 | |

※詳細は金融庁サイト（https://www.fsa.go.jp/policy/nisa2/about/index.html）を参照

でしょう。

・iDeCo、NISAの投資枠については、別表でご確認下さい。最新の情報については、金融庁のホームページ（https://www.fsa.go.jp/index.html）をご確認下さい。

・iDeCoもNISAも、資産全額を定期預金にしている人から見ればあまり魅力を感じないかもしれません。しかし、**インフレがやってくると、預金は非常に危険なポジション**です。少しずつでも金融資産への投資を始めたなら、この制度のすごさがわかるはずです。

◎**ふるさと納税**……厳密に言えば資産運用の話ではないのですが、使えるお金が増えるお得な情報としてご紹介します。簡単に言えば、生まれ育ったふるさとや、応援したい自治体に所得税・住民税の一部を寄付できるという制度です。

この「寄付」を行った場合、所得税・住民税からこの「寄付」の分が控除されるのですが、その控除率が自己負担額2千円を除いた全額と非常に高いことと、各自治体が用意した返礼品を受け取ることができるのが大きな特徴です。

この返礼品の金額は、仕入れ値を寄付額の30%までとするよう定められています。ただこれはあくまで仕入れ値なので、市場で売られている価格となるとその「還元率」は高くなり、ときには寄付金額の100%を超えることすらあります。

**確定申告などを行う手間が増えるくらいしか使わない理由がない、お得な制度**と言えるでしょう。

もう少し具体的に、ビールを例にしてご説明しましょう。

ふるさと納税のポータルサイト「さとふる（https://www.satofull.jp/）」で調べたところ、1万5千円の寄付をした返礼品として、350mlの缶ビール1ケース（24缶）を受け取ることができます。

缶ビール1ケースは、お店で買えば5千円弱くらいですので、高いと思うかもしれません。しかし、ふるさと納税のすごいところはここからです。支払った1万5千円は、確定申告のときに、納めるべき税金から差し引かれて戻ってくるのです。

つまり、割高にビールをゲットしたのではなく、払うべき税金を支払っただけで実質的にはタダでゲットできてしまったということです。ちなみにこのケースでは1万5千円の寄付に対してビールの市場価格が5千円なので、返礼率は約33・3％ということになります。

総務省のサイトに掲載された試算によれば、年収500万円で独身の方なら、年間6万1千円の控除を受けられます。ビール4ケース96本。週2本の晩酌くらいは、無料で楽しめてしまえるということですね。

返礼品には肉・魚・米・果物・野菜・ギフト券など他にもいろいろありますので、眺めてみるだけでも楽しいですよ。

ふるさと納税についての最新情報は、総務省のホームページ（https://www.soumu.go.jp/index.html）をご確認下さい。なお2023年10月からは返礼品の費用計算基準が厳格化されましたが、制度の仕組み自体が変わったわけではありません。

## ◇4◇ お金を増やすための資格は、強いて言うなら簿記3級

「お金を増やすために、今から何を勉強しておいたら良いですか。取った方が良い資格はありますか？」

真面目な人ほど、こういう発想になります。頭脳への投資と言うと資格取得のことだろうと連想するのかもしれません。ただ結論から言うと、投資のパフォーマンスを高める効果が見込める資格は、ありません。

冒頭でも、みなさんの信用を得るためにやむなくドヤ顔で（！）書きましたが、私は金融機関に勤務していたこともあり、お金に関する多くの資格を取得しました。証券アナリスト、中小企業診断士、日商簿記2級、ファイナンシャル・プランナーなどです。保険に関係した資格も多くありました。

「ました」と過去形で書いているのは、どれも今は更新をしていないからです。ビジネス

に役立つのでは、という観点もあって数年前までは残していたのですが、起業して何年経っても活用する機会が全くなかったので、更新せずに自然失効させました。年会費もかかりますし、更新のための実務要件や研修が結構大変なのです。

つまり、「稼ぐ」という観点からも、**お金を増やすために、特別な資格は必要ありません。**いざとなったら資格があるという安心感こそありましたが、起業をしてから稼ぐために直接的に役立った資格はありません。こうして本を書かせて頂いているくらいですから、学んだことはムダにはなっていないと思いますが。

本題に戻ると、投資のパフォーマンスを高める資格というのはありませんし、本書でお伝えする資産運用の方法は、知識や能力によって差が出るものではなく、特に勉強をする必要もないのですが、**それでは物足りないという方は「日商簿記3級」の勉強をするのがお勧め**です。

これはかなり前に堀江貴文さんがおっしゃっていて「なるほど」と思ったのですが、簿記3級程度の知識があれば、企業の決算書が読めます。経済ニュースを見ても、会計的な部分で「全く意味がわからない」ということがかなり減るはず。

それでいて3級は人にもよりますが、2週間くらい勉強すれば取れてしまうくらいのお手軽な資格なので、お得感があります。

日商簿記でも2級になると原価計算や工業簿記の概念が入ってきて急に難しくなりますし、1級に至っては、私も2回受験して撃沈しました。

ちなみに私は公認会計士、税理士試験にもチャレンジして撃沈しているので、性格的に会計があまり向いていないのかもしれません。会計を仕事にしたい人にとってはそうした難関資格も視野に入ってくるのでしょうが、お金を増やすためなら簿記3級で十分です。

## ◇5◇ 投資としての保険は必要ない

保険については、書くべきかどうか悩みました。私は日本生命という保険を本業としている会社に育ててもらったので、恩のある古巣やかつての同僚に不利益になるようなことはできれば書きたくありません。

ただ、お金の本で保険について全く触れないとか、思ってもいない嘘を書くのもまた、できません。実際、プロの目から見れば保険料を払いすぎている人、逆に必要な保険に入っていない人がたくさんいます。ですから、率直に、論理的に正しいことを書きます。

人生において保険が必要な場面は、限られています。**その限られた特定の期間、特定のリスクをカバーするために保険を使う**、という考え方をするべきです。

その点、損害保険は明確で、火事に備えて火災保険、交通事故に備えて自動車保険というように、どこまでが必要な保障かという議論はあっても、保険の目的はわかりやすいと言えるでしょう。

一方で生命保険は、そこがわかりにくくなっています。本来の死亡保障に加えて、老後の資金とか通院・入院費用、ガンや心臓病など特定の病気に備えたい、葬式代もいくらかは準備したい、外貨を絡めて投資的な意味を持たせたい、お子さんの教育にも備えて……と何かと特約が増えます。果たしてこれらの特約は、必要でしょうか。

私がサラリーマン時代に学んだこととしてなるほどと思ったのは、「貯金は三角形、保険は四角形」という言葉です。

次ページの図を見てください。貯金であれば、貯め始めてすぐに事故があった際に、お金の増え方が「三角形」なので必要金額に足りません。保険であれば、受け取る保険金額は「四角形」なので、いつでも必要金額が準備できるのです。

貯金が間に合わない場合、例えば小さなお子さんがいて、これから学費がかかる。あと10年かけて貯めていけば必要な資金は貯まるけど、その間に自分の身体に何かがあったら困る。その期間のリスクを消すために保険に頼る、ということです。

突き詰めれば、生命保険の役割はこれだけ。必要なお金が貯まるまでの一時的なリスクを回避するために使うのが、本来の保険の活用法です。これ以外の**あらゆるリスクを保険で対策するのは、大金を支払って「過度な安心」を買ったことになり、その結果、手**

読者特典

# 『お金が増えるノート術』
# 読者限定 必ずもらえる4大特典!

本書をお買い上げくださりありがとうございました。
本文でご紹介した「お金が増える各種ノート」の
テンプレートなど4つの特典をプレゼント!

特典1:「収支が見えるノート」テンプレート(Excel・PDF)
特典2:「人生計画ノート」テンプレート(Excel・PDF)
特典3:「ペルソナノート」テンプレート(Excel・PDF)
特典4:AI Chatbot「フラスコ君」

以下のURLもしくはQRコードからお申し込みください。
無料で入手できます。

https://www.fra-sco.com/moneynote

※本特典は物品を郵送するものではございません。
なお、予告なく終了する場合もございますので予めご了承ください。

☆貯金は三角形

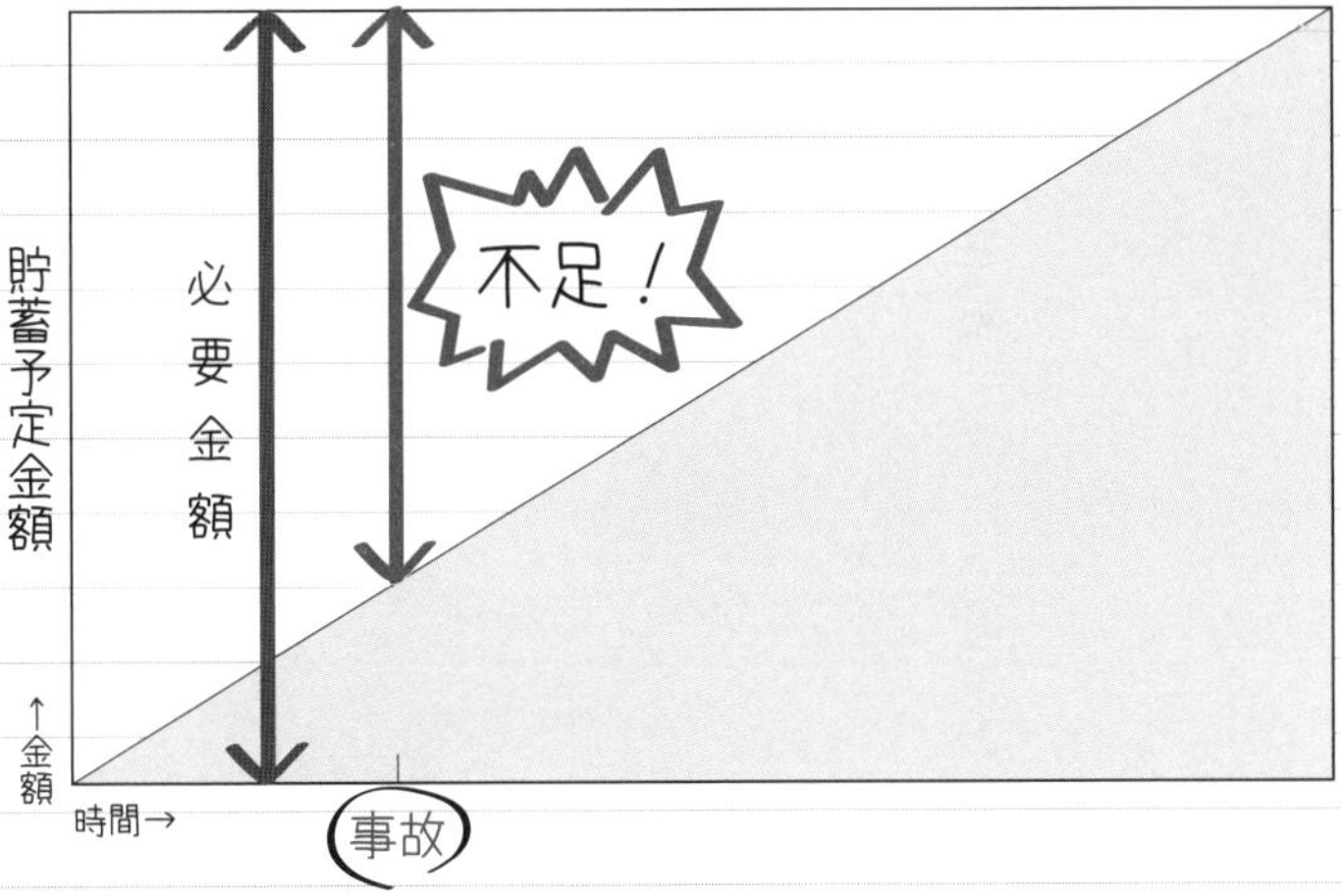


☆保険は四角形

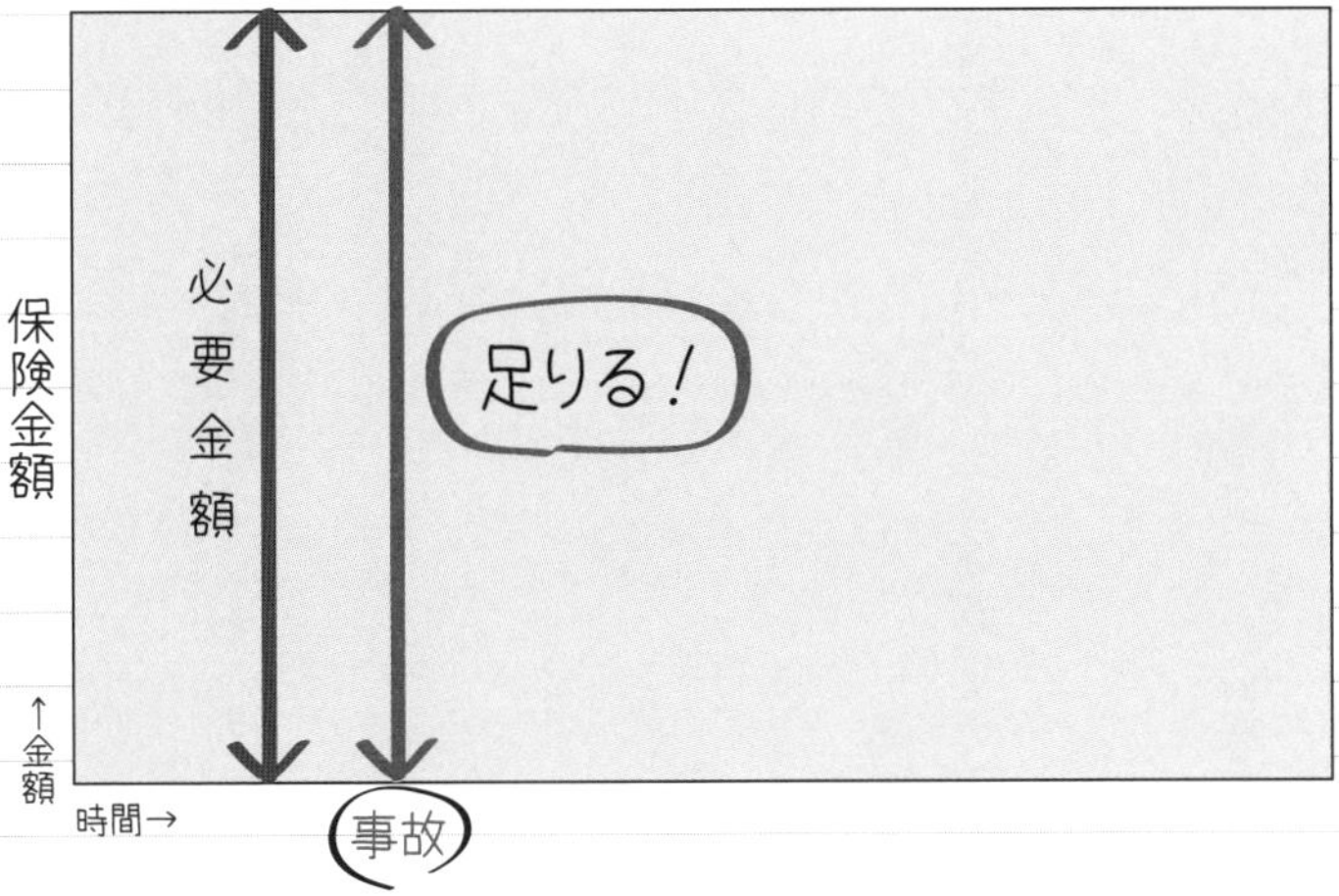

**元のお金が足りなくなるなら本末転倒**なのです。

入院や通院、ましてや葬式代などは最低限の貯金をしつつ、高額医療費については健康保険を使えば払い戻しの仕組みもあります。

「貯金だとすぐ使ってしまうから、生命保険で積み立てる」という使い方もありますが、天引きでお金が貯められるなら、子供の学費も保険ではなく、2章で説明したように、別の口座に分けて貯金で対応するのが正しい。老後資金に至っては公的年金と、iDeCoやNISAを活用して、自分で備えをしておくのが正解です。

生命保険は人件費などの運用コストがどうしても高くなります。外貨を絡めたり複雑な仕組みが入った商品を含めて、**投資として生命保険を使うメリットは、特にありません。**

細かいことを言うと、法人だったらまた別の税務上の事情があり、個人でも生命保険料控除など税制面のメリットがあるので、そこはプロにご相談下さいと言いたいところなのですが、プロはほとんど全員「生命保険を売りたい人」なので、気安く相談するのもちょっと危険です。

保険の営業マンはもちろん、代理店も保険会社から受け取る手数料で成り立っていますし、ファイナンシャル・プランナーも中立だとなかなか食べていけません。

お金に関する相談ができる中立的なプロがいない、というのは大きな社会問題だと思います。実は私も起業を検討しているとき、その課題を解決できないかと考えたことがありました。ただ、どうしても何らかの「商品」がないと、お金の相談はビジネスとして成り立たないことにも気がつきました。

制度や環境が整うことを願いつつ、現時点で言えることは、自分でノートに書いて考えられるようになるのが一番だということです。

もし誰かに相談をする際には、できるだけ信頼できる人を選んで下さい。**信頼できる人の基準としては、強引な売り込みをしないこと、これからも長い期間お付き合いをしてくれる人であること**が挙げられます。

## ◇6◇ 詐欺に遭わないためにハイリスク・ハイリターンの原則を知っておく

100万円以下の資産を持ち、投資に興味を持ち始めた人が陥りがちな罠があります。いかにも簡単に儲かりそうな甘言とともに近づいてくる、詐欺師の投資話です。

投資と見せかけた詐欺は、残念ながらたくさんあります。

私は、怪しげな誘いを受けたとき、できるだけそういう人の話を聞くようにしています。話のタネになるかなと思ってのことです。危険なので、マネはしないで下さい。

そうやって話を聞いていくと、ごくたまに簡単には詐欺とは言い切れないくらい良くできた仕組みのものもありますが、ほとんどは「こんなものに騙される人が本当にいるのか」と疑ってしまうくらいおかしな、はっきりと詐欺か、詐欺まがいのものです。

典型的なのは「**ポンジ・スキーム**」と呼ばれるもので、ごく単純化すると「100万円投資すると毎月10万円がいつまでももらえる。リスクは特にない」といった誘い文句で近づいてきます。

最初は少し疑いながら、最低限の100万円を投資する。すると翌月には実際に10万円が振り込まれてきます。実際には、払われた100万円から10万円を返金されただけで90万円を騙し取られているのですが、これですっかり信じ込んでしまうのです。そして、「もっとまとまった金額を投資しませんか」と言われて何千万円も失う人が、本当にたくさんいます。

冷静に考えれば、そんなわけないと思いますよね。こんな仕組みが本当にあるなら、誰もが全財産を投資するはずです。そんなすぐわかる程度のものに、高学歴で社会的な地位のある人でも、あっさり騙されるのが怖いところです。

**では、「リスクは特にない」投資のリターンは、どれくらいが適切なのか？そんな疑問を持ったときは、10年国債の利回りを確認する**、と覚えておいて下さい。

「10年国債 利回り」で検索すると出てきます。

ブルームバーグのサイトを確認したところ、執筆時点で0・85％程度です。かなり大きく変動するので、これから急激に上がるかもしれません。必ず必要なタイミングで確認して下さい。なお、少し前までは0・01％程度でした。

10年国債とは、日本国が期間10年で発行している債券です。金融の世界では、国債は「無リスク資産」です。つまり、日本が倒産したら仕方ないと考え、国債のリスクはないものとみなしましょう、という扱い。

その、もっとも安全な日本に10年の長期でお金を貸して、受け取ることのできる金利が年間0・85％。ということは、年1％の金利であっても、その投資には何かのリスクはあるはずだ、と考えられます。

これが先ほどの例だと「月10％」でしたので、かなりとんでもない高金利。これはそれなりに高いリスクがあるはずだぞ、と考えるべきなのです。

**リターンが高いものには、必ずそれに見合ったリスクがある。これを「ハイリスク・ハイリターンの原則」と呼びます。**

リスクがなくてリターンが高い投資対象が仮にあったとして、本当にそうであれば一瞬で世界中の投資家がその対象に全財産を投資してしまうので、その対象のリターンは下がります。

覚える必要はありませんが、この価格を調整する機能のことを「裁定」と言います。これがあるので、いつもハイリスク・ハイリターンの原則は成り立つのです。

では詐欺師は、あるはずのないノーリスク・ハイリターンの商品をどうやって売るか。

「まだあなたと一部の特権階級にしかお知らせしていない情報です」

これが彼らの常套句です。そんなはずないですよね。じゃあ全力で借金して自分で買いなさいよって、私だったら思います。私よりも先に、伝えるべき人がいるでしょう？　とも。

やっかいなことに、信頼している人が、このような話を持ってくることもあります。しかし多くの場合は、その人も騙されているのです。

疑いたくないという気持ちでお金を入れてしまう人がいますが、とにかく冷静に判断をして下さい。少しでも違和感があれば、ノートに書いて考えてみて下さい。

さらに言うと、一部の特権階級がすごく有利な投資をしているというのも、いかにもありそうな話ですが、デマです。私は総資産50兆円という「超特権階級」の機関投資家で投資判断をしていたのでわかりますが、そんな有利な投資対象はどこにもありません。どんなに複雑に見えても、実は合理的である投資案件の有利・不利を、０・０１％単位で判断する毎日でした。

強いて言えば、資産家であれば、ハイリスク・ハイリターンの投資案件の情報が入ってくることはあります。大きなリスクを取れて、一口10億円単位で投資ができる人、数億円損失を出しても耐えられる人は限られます。そういう情報が庶民の目や耳に触れることはないでしょう。参加できる人が限られる分、ほんの少し利回りは高めに設定されているかもしれませんが、せいぜいその程度です。

**10年国債より高い利回りがある投資には、何らかのリスクがあります。**

そのリスクについて良く理解した上で、それでもリターンを期待できると判断するのであれば、検討してもいい投資案件です。しかし、いずれにしてもこれは上級編の投資です。

本書でのちほどお伝えする通り、ＥＴＦという一般に公開されている商品だけで、リスクに見合ったリターンは出せますから、わざわざ自分であらゆるリスクを検証してまで、複雑な投資対象に手を出さなくてはいけないか、良く考えてみて下さい。

繰り返しますが、あなたのところにやってくる「ここだけの話」は絶対にありません。

本章でお伝えしたｉＤｅＣｏ・ＮＩＳＡ・ふるさと納税は、国が制度として用意した、シンプルにお得な制度で、例外中の例外です。これら制度の知識がないことと、「画期的な新しい金融商品」について知らないことは、全く別の話なのです。

## ◇7◇ 将来の収入が増えるお金の使い方ならどんどん「投資」

お金を増やすという意味では、**投資感覚でお金を使うという考え方が重要**です。

**迷わずお金を使うべきなのは、将来の収入が増えることが見込まれるとき**です。具体的には、冒頭でも説明した「頭脳」「信用」「金融資産」への投資です。

私は百貨店や家電量販店での買い物には慎重ですが、本を買うときにはどんなに高価であっても即断即決します。本の購入は頭脳への投資であり、いずれ回収できることがわかっているからです。学びに使ったお金は、将来、より大きなお金となって返ってくることは経験的に明らかです。

**お金が増える人と増えない人のもっとも大きな違いは、「将来入ってくるお金を意識しているかどうか」**なのではないかと思います。ビジネスを育てることによる信用への投資や、金融資産への投資はその最たるもの。

今100万円を投資して、1年後に104万円になることに価値を感じるかどうか。いつも「今100万円を使った方が楽しい！」という考え方だとお金が増えないのは自明の理です。

生涯収入が増えるから学生時代に勉強をするし、将来に活きることを期待して、若いうちの苦労は買ってでもしろ、というわけです。これも頭脳への投資ですね。約束を守って信用を大切にするのも、目の前にいる人の役に立てるよう行動するのも、全て、意識、無意識にかかわらず、将来のお金に直結する行動と言えます。

**あらゆる行動において、「投資」という発想があるかないか。**
**これが長期的な視点でお金が増えるかどうかの大きな分かれ道**です。将来の収入が増えることなら、どんどんお金を「投資」すればいいのです。

では、「超高級フレンチを食べる」や「超高級ホテルに泊まる」といったお金の使い方をどう考えますか？

一流のサービスを体験するのは、ビジネスをする人にとってはプラスであることは間違いありません。

私もサラリーマン時代に一人3万円のランチを自腹で食べに行ったことがあります。それは高額のサービスを作る際の参考になっていますし、こうして本を書くときのネタにもなっているので、結局は元は取れていると思っています。何より、妻との大切な思い出も増えました。

投資という観点からは、1500円くらいのランチを20回食べるよりは、3万円のランチを1回食べた方が得るものは大きいように思います。たまの贅沢を計画的に予定に組み込んで、普段は出費を抑える。そういう発想があると良いですね。

思い出を作るということも一種の、頭脳への投資です。私には価値の高い思い出は、長期的にはお金として回収できるという感覚があります。

もちろん、いちいち回収できるかどうかを考えて思い出を取捨選択する必要はありませんが、**真剣に楽しんだ思い出は頭脳への投資になる**、という感覚は持っておくと良いでしょう。

**【3章の確認】**

□『夢100ノート』を書いてみましたか？
□「複利の力」を説明できますか？
□iDeCo、NISA、ふるさと納税を始めると決めましたか？
□「保険は四角形」の意味を説明できますか？
□リスクのない投資の利回りは何％が適切ですか？
□思い出にお金を使うのはアリですか？

# 4章　お金が「稼げる」ノート術（資産1000万～5000万円）

## ◇1◇『人生計画ノート』の書き方

資産が100万円以上あり、安定した収入がある状態なら、そろそろ「稼ぐ」ことに注力する時期です。「信用」に投資をしていきましょう。

「すぐに稼ぎ方を知りたい！」と焦らずに、ここではまず、人生計画を作ります。1章でも扱いましたが、**将来どうなりたいか、どうありたいかをより明確にイメージすることで、向かうべき方向性がはっきりします。方向性が決まれば、成果は出やすくなります。**

次ページの表をノートに書いてみて下さい。

この人生計画についてはやや複雑というか、項目が多くなって書くのが大変なので、テンプレートをプレゼントします。ＰＤＦとＥｘｃｅｌのどちらかお好きな方を、巻末199ページのご案内から入手して下さい。

Excelが使える方でも、パソコンから打ち込むだけでなく、その前に一度はノートに手書きしてみることをお勧めします。ともかく手で書くことで脳は活性化し、発想は広がります。Excelはあくまで清書用、保存用とお考え下さい。

人生計画ノートの上半分の一部は、1章ですでに記入済みのはず。まだ書いていない方はぜひ、このタイミングでやってみて下さい。**単なる予想ではなく、かといって絶対に達成できない夢物語でもなく、行動すればギリギリ届きそうな、理想の状態を数値化して下さい。**

☆『人生計画ノート』の例　(単位:万円)

| | 現在収入(年収) | 10年後(年収) | 20年後(年収) | 30年後(年収) |
|---|---|---|---|---|
| 本業 | 360 | 480 | 600 | 1200 |
| 副業 | 0 | 120 | 360 | 0 |
| 金融 | 0 | 120 | 240 | 480 |
| 合計 | 360 | 720 | 1200 | 1680 |
| 究極の目標 | 人の相談に乗るだけで生活できる状態になる | | | |
| 経済・仕事 | 今の副業を本業にして年収1200万円稼ぐ | | | |
| 社会・家庭 | 家族4人で海外に住む | | | |
| 健康・精神 | 電車に乗らない・時間を気にしない生活をする | | | |

1章と比較すると、収入を予想する期間が10年から20年、30年まで伸びました。もはやこうなると予想というよりは、理想や妄想の世界に突入します。その分、制約は少なくなるので、自由に考えてみて下さい。資産運用の効果も、時間が経つごとに大きくなることが実感できるはずです。

後半の「究極の目標」というのは、ここで初めて出てきました。これは熊谷正寿さんの『一冊の手帳で夢は必ずかなう　なりたい自分になるシンプルな方法』（かんき出版）という本で紹介されている概念を私が少しアレンジして使っているもので、あなたがどうありたいかを言語化するというものです。

**究極の目標は、現在と10年後というように分けるのではなく、自分が最終的にどうなっていたいかを文章にして下さい。**覚えられるくらいの長さが理想ですが、最初は多少長い文章になったり、箇条書きになっても構いません。

「経済・仕事」は、資産・収入と言い換えても良いかもしれません。いくらの資産があって、どんな仕事をしていて、どれだけの収入を得ているか。あるいはどんな気持ちで、どういう仕事の仕方をしているか。理想の状態を書いて下さい。

「社会・家庭」「健康・精神」については、さほど説明はいらないでしょう。それぞれについて考えられる理想の状態を書いて下さい。「家族と友人に囲まれて、尊敬されて生きる」とか「100歳まで健康で、心配事の少ない状態で過ごす」などです。

究極の目標を言語化していく中で、収入の目標も変わるかもしれません。むしろそうやって変化することが重要ですので、どんどん変えて下さい。全体の整合性は取れているか、どこかに無理はないかなど、何度も見直しましょう。

私はこの人生計画（もっと精緻なものですが）を、今まで何回も書き直しています。書き直すたびに明確になり、実現できると感じられるようになります。**人生計画が変わると、行動が変わります。行動が変わると、人生が変わりますよ。**

## ◇2◇ 自由になるためにはビジネスを持つか、投資家になるしかない

あなたの究極の目標は、明確になったでしょうか。**お金を増やしていく上では、テクニックよりも心構え、つまりマインドがはるかに重要**です。

マインドを整えるためには知識も必要です。必要な知識は本書でお伝えしていきますので、ご安心下さい。

新しい知識を得たらそのつどノートを取り出し、書いて考えることを習慣にして下さい。知識を得て、それについて書いて考えることで理解は深まり、マインドも強化されます。

ここでは、自由について、必要な知識をお伝えします。

本書は「お金の不安が消える」ことに重きを置いていています。私自身はそれも確かに求めているところはありますが、どちらかと言えば「自由になる」ためにお金と向き合ってきました。この2つは相反するところもありますし、個人の価値観なので、どちらが正しいとは言えません。

いずれにしても、お金と向き合うことは必要になります。価値観にはいろいろな軸がありますが、ここでは**「安定」か「自由」のどちらを求めるか。**その話をしたいと思います。

まず、安定の話からしましょう。

私はかつて日本生命保険相互会社という、規模は国内最大級、安定感という意味でもおそらくトップクラスの会社で働いていました。自分で言うのも変ですが、給料も高かったし福利厚生も充実していて、悪いことをしない限りはクビになることもない、という恵まれた環境でした。

ただそれでも、私は不安でした。会社を辞めたのは38歳でしたが、このまま40代、50代と会社にしがみついていて、急にハイパーインフレが起こるとか、リストラされてしまったらどうしよう。とんでもない上司に当たるだけでも、自分の性格を考えるときっとケンカして会社を辞めたくなる。そのとき、自分には何ができるだろう……と。

職能としての専門性はそれなりにありましたが、特定の金融機関の中でしか発揮できないマニアックなもので、自分で稼ぐ力が全くない。今はまだ良いけれど、もう少し歳を取ってから放り出されたら生きていけない。寿命が何歳まであるのかもわからない中で、それはあまりにもリスクが高すぎる……そう考えたのです。

「あんな大企業を辞めるなんて、とんでもなく大きなリスクを取ったな」

他人からはそう見えるかもしれませんが、私にとっては「このまま行くとリスクが大きすぎるから、リスクを減らすために起業した」という面があるのです。長期的なリスクを減らすための起業です。現金を全て（と金融資産の一部を）、信用に投資するという感覚でした。

もちろんそれが、私が心から求めてやまない「自由と好奇心にあふれる生き方」を

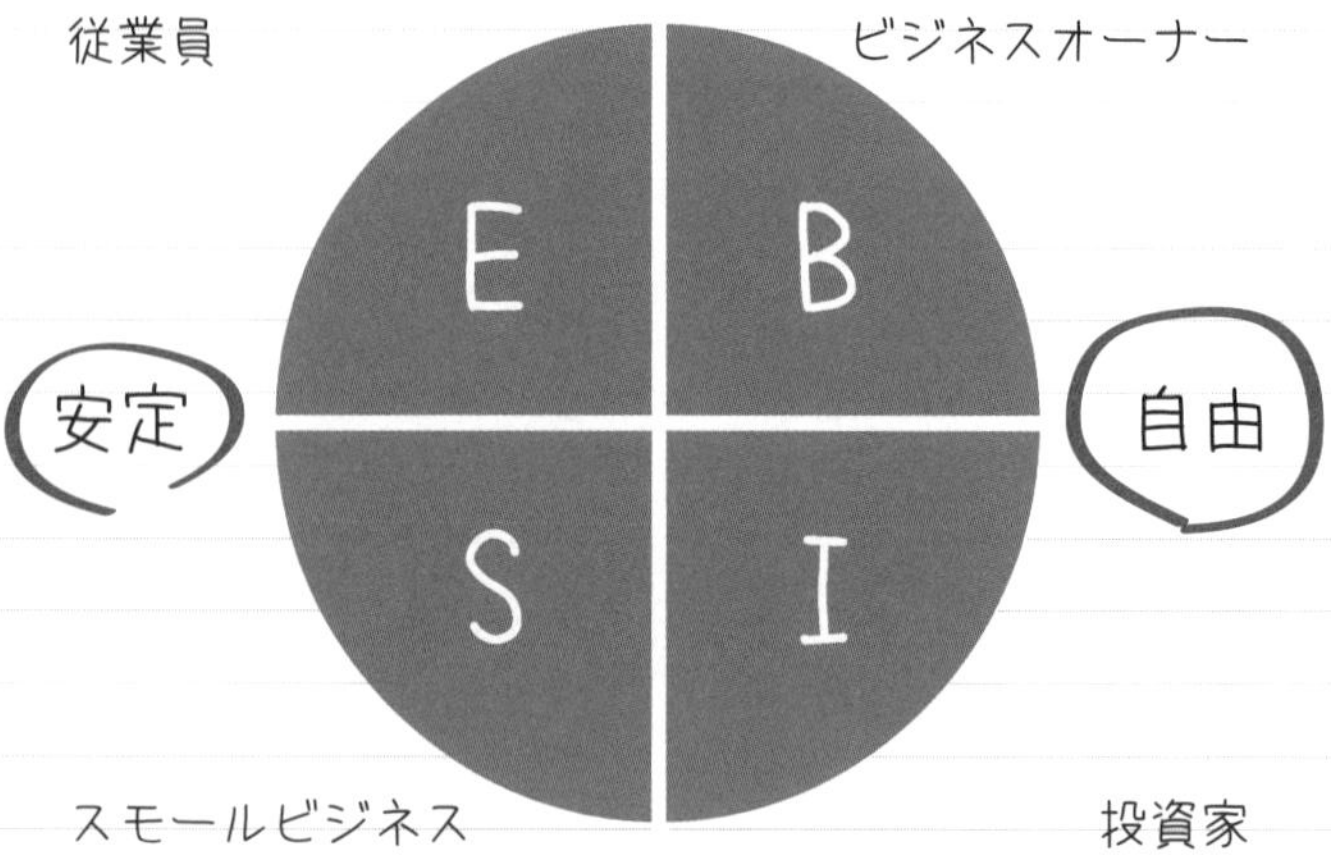

実現する方法と一致していたからでもあります。

『金持ち父さんのキャッシュフロー・クワドラント』（ロバート・キヨサキ著／筑摩書房）という本には、収入を得る方法には4つあって、それは以下のESBIだということが書いてあります。

E……employee（従業員）
S……self employee（スモールビジネス）
B……business owner（ビジネスオーナー）
I……investor（投資家）

どれが良い悪いではありません。組み合わせたり変化することも可能ですが、安定を求めるなら従業員かスモールビジネス。自由を求めるならビジネスオーナーか投資家になるしかないのです。

ロバート・キヨサキさんはそこまでは言っていませんが、私はこれを一歩進めて、サラリーマンが自由を目指すなら、E→S→B→Iという順番にステップアップするのがベストだろうという解釈をしています。

私もこの順番でステップアップしてきていますが、各段階で得た経験が、次の段階で活きることを実感しています。

『金持ち父さん 貧乏父さん』（ロバート・キヨサキ著／筑摩書房）は今や読んでいない人も多いと思いますし、読んでいても「ああ、不動産で儲けましょうっていう本でしょ」という理解をしている人も多いのですが、そんなことはありません。あれは、「ビジネスを育てて、自由に生きよう」という本です。

もし読んだことがなければ、この2冊はぜひ読んでみて下さい。好き嫌いはあると思いますし、私のように自由を求めて行動をする人を増やしたのと、「不労所得で生活するのが夢」みたいなことを言うだけのドリーマーを増やしたという功罪両面はありますが、案外多くの起業家が影響を受けた名著だと思います。私の人生にもっとも大きな影響を与えた本はどれかと言えば、本音で答えるならこれです。

本書の読者にあえてお伝えすることではないかもしれませんが、本を読むことは頭脳への投資なので、とても重要です。長い年月をかけて配当を生み続けますので、積極的に投資していきましょう。

## ◇3◇ まずは始めてみる、3つの「稼ぐ方法」

### ①本業で出世を目指すか、転職するか

ところで、本章冒頭の人生計画は書いてみたでしょうか。

初めて人生計画を書いたときは、こんな感覚ではないですか。

「一応、書いてみた。目的・目標に合わせて収入が増える計画にしてみたけれど、実際に本業・副業・金融の3つの収入を増やしていくためには、どうすれば良いのか」

では、それら3つの収入をどうやって増やしていくか、具体的な方法をお伝えします。本業収入・副業収入に関しては本章で、金融収入については次章で取り扱います。

なお本書は稼ぎ方のマニュアル本ではないので、具体的な稼ぎ方というよりは「稼ぐ力」を身につけるための根本的な考え方と、ノートを活用して実際に前に進んでいくやり方をお伝えします。

ではまず、本業です。

実はサラリーマンの方なら本業の収入は、かなり正確に予想することができます。学歴や、やっている仕事、社内評価などが自分と同じような状況で数年が経過した先輩を見つけて、「いくらもらっているんですか?」と聞けば良いのです。

聞いても教えてくれないのではないか、嫌われてしまうのではないかと思うかもしれませんが、必ずしもそんなことはありません。そういう話を嫌がる人はいますが、ちょっとお酒が入れば楽しそうに教えてくれる人も多くいます。直属の上司に聞きにくければ、利害関係がない「斜め上」の先輩を探してみてはどうでしょうか。

ずばり「年収は○○万円」とは教えてくれなくても、「いくらよりは上ですか？」「いくらまではいかないですよね？」「大台を超えたのはいつでした？」などと外堀を埋めるように聞いていけば、かなり正確な情報を引き出すことができます。

この辺りは取材みたいなもので、質問力が問われますね。ついでに仕事のノウハウなども聞いていきましょう。

調べてみれば、給料の計算方法は、実は諸規定として社内で公開されていたりしますし、評価も上司との面談などで伝えられているはず。自分のことをよほど過大評価もしくは過小評価していない限り、昇進のタイミングなどもだいたいわかるはずです。

それらの情報を集めて、ノートにまとめてみましょう。思ったよりはるかに鮮明に、将来どうなるかがわかるはずです。もちろん会社の業績が変化したり、急に評価が変わったりとさまざまな変動要因はあるものの、いったんこのまま行ったらどうなるかの「メインシナリオ」は見えてきます。

まずは**そのメインシナリオについて、自分がどう思うかが大切**です。

満足であるなら、お金に対する不安はそれで消えてなくなるので、何も問題はありません。しかしそのままでは満足できないのであれば、何かできることはないか考えてみれば良いのです。

と言っても、**本業の収入を上げる方法は2つしかありません。出世をするか、転職をするか**です。

もう一つ、「残業代を増やす」を思いついた人もいるかもしれませんが、残業をしても評価が上がらないのであれば、副業をした方が未来の可能性は広がるように私は思います。

頑張れば出世できると思えるのなら、それは有力な選択肢です。

ちなみに、私はサラリーマン時代、全くそう思えませんでした。私が勤めていた会社は優秀な人がたくさんいたので、めちゃくちゃ頑張って、成果を出しまくって、それでもすごく運が良くない限りは役員にすらなれないという、ある種の絶望すら抱えていました。

そういう人にとっては、本業の収入をアップする選択肢は、転職しか残っていません。私に転職の経験はありませんが、今は社会全体で若い労働力が不足気味なので、若い人で

☆収入を増やす働き方のメリット・デメリットを書く

| | メリット | デメリット |
|---|---|---|
| 出世を目指す | ・名誉欲<br>・安定性 | ・確実ではない<br>・精神的負担が大きい |
| 転職する | ・新鮮な感覚<br>・即効性 | ・蓄積が無駄になる<br>・リストラされるかも |
| 残業を増やす | ・確実に稼げる<br>・リスクがない | ・体力的にしんどい<br>・評価が下がるかも |
| 副業から始める | ・将来につながる<br>・リスクがない | ・確実性低い<br>・体力的にしんどい |
| すぐ独立起業 | ・大きく稼げる<br>・自由になれる | ・リスクが大きい<br>・やり方がわからない |

あれば転職をすることで収入を増やせる可能性はかなりあります。業界やスキルにかなり左右されますが、チャンスはあると思います。

私はノートに書いて考え抜いた結果、サラリーマンとしての出世は望めないし、転職をしても長期的には給料は上がらないと判断しました。そもそも、サラリーマンという働き方が合わないという根本的な問題もあり、起業するしかない……という結論に至りました。

**入手可能な情報を集め、それらを全てノートに書き、あらゆる選択肢を検討する。選択肢ごとのメリット・デメリットを、わかりきっていることを含めて書いてみる。**

そうすることで、今まであり得ないと思い込んでいた選択肢が、実は最善であることに気づいたりします。転職するしないというよりも、その「ノートに書いて考える」という作業を、やってみて下さい。

## ②副業で何でも良いから最初の1円を稼ぐ

出世は望めない、転職をしても給料は変わらないか、むしろ下がってしまう。だから起業をするしかない。これが当時の私の思考回路でした。
が、ちょっと待って下さい。今は時代が変わりました。当たり前の選択肢として、副業があります。会社を辞めたり、主婦の方であればいきなり離婚するといったリスクを取らず、最初の1円を稼ぐところから始めることができます。

副業ができない環境ならどうするか。もし仕事が忙しすぎて副業する余裕がなかったり、会社が副業を禁止しているならば、副業ができる会社に転職するという手もあります。

今は副業を認めている会社も少なくないですし、リモートワークを中心に時間の余裕がある働き方を選ぶことができる時代です。

どの副業が良いのかは、それぞれの個性や状況によって変わるので簡単には言えませんが、手を出してはいけない副業は比較的はっきり言えるので、まずはそれを列挙しましょう。

## 【お勧め「しない」副業とその理由】

### ◎アルバイト

休みの日や終業後の時間を活かしてウーバーイーツでお弁当を配達したり、コンビニや工事現場で働く。時間あたりいくらという時給が決まっていて、長時間働けば確実に月数万円の収入を得ることができます。

しかしこれだと、単に時間の切り売りです。そこで得たスキルを活かして次の副業、やがてはそれを本業につなげる……といった明確なビジョンがない限りは、やるべきではありません。

営業をやっている方が他社製品をついでに売るとか、アナウンサーが結婚式の司会をするなど本業と近いことを自分で請け負って提供する、というように本業のスキルを活かせる副業であれば、高収入が期待できます。しかしこの場合は、本業とバッティングするので、会社で禁止されている可能性も高いですから、社内のルールを確認して慎重に動いて下さい。

### ◎アンケートモニター、ポイ活、自己アフィリエイト

最初の1円を稼ぎやすいという意味でお勧めする人が多いのですが、これらをどんなにやってもやはり時間の切り売りで、全くスキルが身につきません。

本当に文字通りの意味で、最初の1円を稼ぐ経験をしてみたいならやってみても良いですが、長い時間をかけてどっぷりやるものではありません。

### ◎ネットワークビジネス

ネットワークビジネス、マルチレベルマーケティングは、その手法自体は違法でも何でもありません（実態として商品がない、紹介料が無限に連鎖するとなると無限連鎖講、いわゆる「ネズミ講」となり、犯罪です）し、真面目に取り組んでいる人、良い商品を扱っている業者さんがいくつもあるのは私も知っています。しかし、やはり副業としてお勧めはできません。

ネットワークビジネスの仕組みを簡単に説明しておきます。

ネットワークビジネスの会社には、食品や化粧品といった商品があって、まずはユーザ

ーとしてそれを買い、自分で使って満足します。すると、それを他の人にも勧めたいと思うでしょう。

その会社と契約を結び、代理店として商品を売るようになります。それだけなら良いのですが、新たな代理店となる人を探して、その人が販売した商品からも紹介料が得られるようになります。さらにはその人が見つけてきた代理店の人が販売した商品からも紹介料が得られる……という仕組みです。

人間関係、ネットワークを活かして稼ぐ手法なので、ネットワークビジネスという名前なのですね。

ただ、初期投資が求められたり、強引なやり方で売り込むことで友人関係が崩壊するなど悪質な事例も多いのは事実で、その見極めがビジネス初心者には難しいものです。信頼できる友人に誘われたとしても、軽々しく手を出すべきではありません。うっかり本業で付き合いのある人を巻き込んでしまい、本業に悪影響が出ることも考えられます。

大して仲が良かったわけではない高校の同級生から久しぶりに電話が来て、呼び出されて喫茶店に行ってみたら見知らぬ人がもう一人いて、「すごい人を紹介する」などとネットワークビジネスの説明が始まるのが典型的な入り口です。目的を偽ってアプローチしてくるところも問題です。相手が二人というだけで、意外と断りにくいものですが、興味がなければこの段階で、毅然とした態度でお断りして下さい。

### ◎投資系（FX、バイナリーオプション、権利収入など）

投資系の副業も、知識のない人からは魅力的に見えることでしょう。

「投資はギャンブルではないから、勉強すれば勝てる」というのが誘い文句ですが、専門家の目から見れば、その先にあるのはほぼギャンブルです。投資はそんなに甘いものではありませんし、そもそも投資は副業ではありません。ギャンブルは全くお勧めできません。

### ◎インフルエンサーを目指す系

### ◎誰でも簡単に稼げる系

この2つはまとめて簡単にお伝えすると、「そんなわけないでしょ」です。

私はカフェにいるときはいつも、隣の席の会話をほとんど全部聞いています。特にビジネスの話であれば興味もあるのでしっかり流れを追いながら聞き耳を立てているのですが、本当に良く聞こえてくるのが、ネットワークビジネス・投資の話と、このインフルエンサーを目指す系、誰でも簡単に稼げる系の話です。

ＳＮＳで毎日、投稿をすることでフォロワーを増やし、商材を販売するとか。ショート動画で再生回数を伸ばして、怪しげなセミナーに集客するとか。「まずは１日に何回、投稿をするところから。フォロワーを増やして影響力を云々」という説明で勧誘されます。しかし、それで多くの人が稼げるようになるとは、とても思えません。

誰でも簡単に、という例だと「稼ぎ方を教えるから初期費用はかかるけれど、その稼ぎ方を知りたい人を連れてきてくれたら紹介料として収入が得られる、５人連れてくれば元が取れる」というネズミ講みたいな話も多くあります。

インフルエンサーになるためには突出したスキルや人間的な魅力、あるいは膨大な行動と時間の蓄積が必要ですし、楽して簡単に稼げる方法なんてあるはずがありません。あったら私が真っ先にやっています。はっきり言いますが、そんなの、ありませんよ。

冷静に考えればおかしいということがわかるはずですが、私がカフェで調査している限りではその成約率はかなり高く、「消費者金融で借金をしてでも稼ぎたい、できれば楽して、簡単に」という人は多いのだな、と悲しい気持ちになります。

共通して言えるのは、**信用への投資にならない副業はお勧めできない**ということです。となると、お勧めできる副業は何があるのかということになりますが、こちらも列挙してみます。

## 【お勧め「できる」副業】

### ◎クラウドソーシングでのスキルシェア

何らかのスキルを活かした本業をされている方は、「ココナラ」や「クラウドワークス」といったクラウドソーシングサイトを使って、スキルシェアをすることから始めるのが良いでしょう。クラウドソーシング（crowd＝群衆 sourcing＝業務委託）とは、企業を通さずに直接、個人に仕事を依頼する・受けることができる仕組みです。

例えば、本業でプログラマーをしているとしましょう。ココナラに登録して、「簡単なプログラムなら1万円で作ります」という募集をかけます。それを見て、良いなと思う企業や個人から、業務を請け負うことができるのです。

実名や顔を出さずに募集できるので安全とも言えますが、お仕事をお願いする側からするとそれは不安材料です。**最初はある程度、価格を抑えて実績を作り、依頼者からの「評価」を高めてから単価を上げていくのが一般的なやり方**です。

クラウドソーシングのサイトでは、プログラミングやデザインなどはもちろん、ビジネス代行や、ただ話を聞くだけなどのさまざまなスキルが販売されています。持っているスキルをそのまま活かすことができます。価格を低めに設定し、使った人からの評価に気をつけていればさほど集客にエネルギーを割く必要もありません。

ただし、集客をしないということはデメリットもあって、「稼ぐ力を身につける」という観点ではあまり良くありません。感覚としてはアルバイトに近いです。それでも、得意なことを活かして直接お客様とコミュニケーションが取れて、感謝もされてお金がもらえるという意味で、最初の副業としては良いでしょう。

## ◎コンサルティング、コーチング

**在庫などの余計なリスクを取らない、お勧めのビジネス形態**です。

ネット広告や資金調達といった専門的なお仕事をしているのであれば、それをそのまま個人や企業向けにコンサルティングとして提供するのが、もっともスムーズな副業の仕方です。あるいは、自身の強みを活かして、恋愛コンサルタントになるとか営業のコンサルタントになるという道もあります。

コーチングは、学べば誰でも習得できる技術です。**質問・傾聴・承認といったスキルを活かして、対話を通じて答えを引き出し、解決につなげる。ビジネスをしていく上ではとても有用な技術**です。

ただし、そのままでは商品としてはやや弱いのが特徴です。「恋愛専門のコーチ」「転職活動専門のコーチ」というように、専門分野を決めて、尖らせていくことが成功のコツです。

これも自分で集客できるようになれば起業レベルになってきますが、クラウドソーシングサイトを活用して始めることもできます。これらのスキルを持っている人でも、お客様から直接お金を頂くとなると最初は自信がないでしょうから。

### ◎イベント、セミナーの主催

集客という意味では「稼ぐ力」と直結する副業です。

ビジネス交流会であるとか、ボードゲームを楽しむ会、みんなで集まってノートを書く会など、自由な発想でイベントを主催すると、本命のサービスにつながる関係性作りに役立つでしょう。

最初はランチ会や飲み会のような手軽に参加できるイベントを主催し、お知り合いに声をかけるところから始めると良いでしょう。ビジネスとはこういうものか、という感覚を摑めるという意味でも、お勧めです。

自分の得意なことを伝えるセミナーを主催すると、その分野の先生としてのポジションが得られます。セミナーを通じて信用を集めることができるようになるので、本格的にビジネスをするなら、いずれはセミナー開催を目指しましょう。

### ◎アフィリエイト系、物販系（条件付き）

やや悩ましいのが、このアフィリエイト系・物販系の副業です。

何かテーマを決めて専門サイトを作る、あるいはブログを書いてそれにアフィリエイト（広告）リンクを貼って広告料で稼ぐ。インスタグラムやXのフォロワーを増やして企業からの商品紹介案件を取る。あるいはYouTubeで動画を上げて広告収入を得る……。いずれもインフルエンサーを目指すという要素もありますね。

物販だと、「せどり」が有名です。古本屋さんや家電量販店・販売サイトで買ってきて、他のサイトやメルカリで転売するビジネスですが、それだけでいくらか差額が抜ける、つまり儲かるということです。安く売って高く売るというのは商売の基本ではありますが、それだけになかなか大変です。部屋中に在庫が積み上がったり、深夜のコンビニにリアカーを引いて配送作業、などという話も聞きます。

私が起業を目指す人から相談される数としてはこのアフィリエイト系、物販系が一番多いのですが、正直お勧めできるケースは多くありません。かなりの熱量でやらないと、ほとんどお金にはならないことが多いです。これを本業にできるような人は、ほぼいないと言っても過言ではありません。確かに手軽に始められるので人気になるのもわかるのですが、軌道に乗せるのは簡単ではありません。

## ◎NFT系（条件付き）

NFT（Non-Fungible Token：非代替性トークン）という言葉はご存知でしょうか。なかなか簡単に説明するのは難しいのですが、ブロックチェーンという技術を活かして、デジタル資産に所有権が付けられるようになったのです。この技術革新によって、さまざまなビジネスが生まれています。

NFTの副業とは、例えばネット上でデジタルのアートを作って販売するとか、NFTゲームで稼ぐなどです。歩くだけで収入が得られるゲームが話題になったりしましたよね。ゲームの中でレアなアイテムを入手してそれを販売したり、そのアイテムを作成するクリエイターになることもできます。話題になるゲームやアートなどをいち早く見つけると、あとから入ってきた人に高値で販売できたりすることもあります。

新しい技術を好奇心旺盛に追うのは悪いことではありませんので、どんどん実験をしたら良いとは思いますが、決して稼ぎやすい方法ではありませんし、ましてやこれを本業にできる人はほとんどいないかなと思います。めちゃくちゃマニアックな人が圧倒的な熱量で取り組むならもしかしたら、くらいですね。

お勧めできない副業、お勧めできる副業を列挙しましたが、**大切なのはそれを通じて信用を貯めることができるかどうか、そして自身に合っているかいないか**です。

どんな副業でも成果を出している人はいますので、目的と目標、性格や能力・環境などの要素をノートに書き出し、メリット・デメリットを比較して判断して下さい。

## ③リスクのないスモールビジネスで起業する

副業の話が長くなりましたが、スモールビジネスであれば副業と起業は別ものではありません。いわば、地続きです。

起業には大きく分けて2種類あります。**スタートアップとスモールビジネス**です。

スタートアップは、上場や大企業からの買収を出口に、大きな市場のシェアを取り、数億円の利益を叩き出す。これが理想のイメージです。スピードが重要であり、急成長のために資金調達して人を雇い、最新技術に投資します。

対して、私がお勧めするスモールビジネスは、スピードや規模よりも確実性を重視します。人を雇うこともありますし、結果的に数億円の利益になることもありますが、それは最重要ではありません。資本金も基本的に自分が出し、誰からも口出しされず、極論すると、自分と家族が食べていければ良い、という考え方も許されるのがスモールビジネスです。

おわかりの通り、スタートアップとスモールビジネスの違いは、目指すゴールと価値観であり、良い悪いではありません。スタートアップが素晴らしいと感じる人もいれば、スモールビジネスに魅力を感じる人もいるでしょう。

私がスモールビジネスをお勧めするのも、誰からも指示されずに自由でありたい、好奇心に従って好きなことをやっていたい、という価値観に沿っています。この辺りも、迷ったらノートに書いて考えてみると、少しずつ見えてくることです。

またスモールビジネスの中でも、店舗や在庫を持ったり人を雇ったり、広告に大金を投じるなどリスクを取ったやり方をする人もいます。せっかくのスモールビジネスの良さが活かせないな、もったいないないなと感じますが、これも価値観です。

**これだけ簡単に起業ができる時代なのですから、余計なリスクは取らず、得意なことを活かして一生をかけて取り組めるようなビジネスをやったら良いではないか**、というのが私の考えです。

その意味でお勧めなのが、コンサルティング・コーチ業です。つまり、スキルを活かして誰かの課題を解決していく仕事。

店舗や在庫を持たず、人を雇わず、広告費に頼らずに展開できるビジネスです。ビジネスを大きくしようと思えば別ですが、自分と家族が食べていくだけなら余計なリスクはありません。

スタートアップに挑みたい、店舗を持ちたい、人を雇いたいという人を否定するものではありません。リスクを取っていつもドキドキしながら生きていたいというのも価値観ですから、ノートに書いて考えて、自分の価値観に合った生き方を選んで下さい。

## ◇4◇ スモールビジネスなら、100万円あれば十分

今さらですが、なぜ「稼ぐ」ステージは資産100万円から始まっているのでしょうか。これには2つの理由があります。

100万円くらいないと稼ぐことに目を向ける余裕がないだろうという理由と、もう一つ、ビジネスを始めるには、まずは100万円あるとスムーズだからです。

20年も前であれば、会社を作るのには1千万円の資本金が必要でしたし、事務所を借りるにも敷金・礼金が必要で、パソコンなどの機材も高かった。そもそも小資本で参入できるビジネスも多くはありませんでした。しかし今は、違います。良い時代になりました。

資本金は1円から株式会社を作ることができます。登記などの手続きを専門家にお願いしても約30万円。個人事業主なら、その費用も必要ありません。

ビジネスの種類によっては自宅やカフェでも起業できますし、シェアオフィスを借りて

も敷金・礼金などの初期費用はかからず、月に数千〜数万円で済みます。

しかも副業が解禁されたので、会社を辞めずに起業できるようにもなりました。となれば、全くリスクはありません。やらない理由が見当たらないくらいです。

とはいえ、どんなビジネスでも最低限スマホは必要です。あとは、できればパソコンとネット環境、名刺くらいですね。「名刺はまだ作っていません」という起業家の方も増えました。名刺は自分でも印刷できますし、ラクスルなどのサービスを使っても数百円くらいなので、持っていて損はありません。

あとはホームページとかロゴ、デジタルツールやソフトウェアなどは必要に応じてという感じで、起業当初はまだなくてもいいでしょう。本を読んだりセミナーに参加したりする知識の仕入れは必要になりますし、交流会に参加するなど活動をするにも経費はかかりますが、とりあえず100万円あればビジネスは始められます。

もちろん貯金ゼロからでも起業は可能です。**手元にあるものだけを活用して最初の1**

**円を稼ぐ、というのが起業の本質**ではあるのですが、やはり借入があったり手元資金があまりに少ないと、ビジネスの方に集中できないのが普通でしょう。

また、お金を貯めることができない状態でビジネスを始めても、稼いだお金を全部使ってしまうことになってしまいます。お金の管理ができない人が、ビジネスの管理をすることはできません。下手をするとビジネスを始める前よりも、経済的には厳しい状況になってしまうことすら想像できます。

つまり、**100万円貯まる程度にお金のことを理解した頃が、起業を検討する良い時期だと言えます。お金を信用に換えていくタイミングです。**

本業を辞めず、リスクを取らず、とりあえず小さく始めればいいのです。小さく始めて少しずつ、時間をかけて信用を貯めていきましょう。

## ◇5◇ ビジネスアイディアを見つけるには「誰の役に立つか」

本書は起業の「やり方」をお伝えする本ではありませんが、そう言われても何をしたら良いのか全くわからないという人が多いと思うので、コンサルティング・コーチングに絞って商品の作り方、つまりビジネスアイディアの見つけ方だけはお伝えしておきます。

シンプルに本質だけを言えば、**ビジネスとは誰かの課題を解決すること**です。つまり**ビジネスの価値は「対象と提供価値」で決まります。**誰の役に立ちたいか、何の役に立ちたいか、ですね。

ノートに書いて、理想の顧客像を想像してみましょう。

この理想の顧客像を、マーケティング用語で「**ペルソナ**」と言います。もともとの意味はラテン語で「仮面」。正確な定義で言えば「架空の人物として定義した顧客プロファイル」、もう少し簡単に言えば「想像上で作った仮の人格」くらいの意味です。

ペルソナについて理解して頂くには、「ターゲット」と比べるのが良いでしょう。ペルソナもターゲットの一種ではあるのですが、ターゲットとの一番大きな違いは「一人にまで絞り込む」ということです。

ターゲットの場合、「関東に住んでいる、流行に敏感な30代の男女」みたいに幅のある設定をするのが普通ですが、ペルソナは「埼玉県戸田市に住んでいる38歳で、安田修という名前の男性」というところまで絞り込みます。

**一人の人物に絞り込むことで、その人**

☆『ペルソナノート』の理想の顧客像

| | |
|---|---|
| 性別、年齢、仕事の内容 | 38歳男性、生命保険会社で資産運用の仕事をしている |
| 年収、住んでいる場所 | 年収1千万円、埼玉県戸田市 |
| 家族構成 | 既婚、5歳の息子、3歳の娘 |
| 良く口にする言葉、愛読書 | 「なんのために」「効率が悪い」、ビジネス書を良く読む |
| 1日（休日）の過ごし方 | 資格試験の勉強、読書、ゲーム、家族とドライブ・外食 |
| 仕事や人生のゴール、課題 | いつか起業をしたいと思っている、出世には興味がない |
| メディアとの接し方 | ずっとスマホを触っている、雑誌も良く読む、日経新聞を購読 |
| 優先順位の高いお悩み | サラリーマンが奴隷のようだと感じている、将来が不安 |
| あなたのサービスを購入する理由 | 起業のやり方を効率的に学びたい、メンター・ロールモデルが欲しい |
| 名前 | 安田　修（過去の自分） |

**が抱えている悩みや課題までもが明確になり、その対処法も仮説が立てられるようになります。**ペルソナとはストーリーとも言われ、その人の人生の物語が想像できるくらいまでリアルに思い浮かべることができれば、使いやすい顧客像になるのです。

ペルソナを考えていく上では、以下のポイントについて検討しましょう。

・助けたい人、課題を解決してあげたい人は誰ですか
・それは、自分のどういう体験に基づいていますか
・理想のお客さんはどういう人ですか

実在するお客さん、過去の自分、周りの人、もしくは全くの想像の人物。複数のアプローチを組み合わせてイメージしていきましょう。

そういうアプローチで、より具体的には以下のような項目について考えると、ペルソナのイメージがより明確になるでしょう。そしてペルソナには、必ず名前をつけてあげて下さい。名前があると、より想像しやすくなりますから。

・年齢や仕事の内容などの基本情報
・良く口にする言葉、愛読書
・一日の過ごし方
・仕事や人生のゴール、解決したい課題
・情報（メディア）との接し方
・製品やサービスを購入する理由

最後に、ペルソナを設定するときの注意点をお伝えしておきます。「理想の顧客像」という言葉を、自分にとって都合の良いお客さん、と解釈しないで下さい。金払いが良いとか文句を言わないとかではなく、あくまで自分が助けたいと心から思える、想いをベースに考えるようにしましょう。

逆に、「助けたい」という言葉から「世界でもっとも恵まれていない人」という発想になってしまう人もいますが、ビジネスとしては成立しにくくなります。想いをベースに出発して、少なくとも最初のビジネスとしてそのペルソナで良いのかは、きちんと検証する必要があります。

そして、ペルソナを一人に絞るとお客さんが減ってしまうのではないか、と心配する人もいます。しかしこれも、広げてはいけません。老若男女全員を対象とした商品は誰も興味を示してくれません。

せめて男女にしておきたいなどと良く言われるのですが、これはペルソナに対する典型的な誤解です。ペルソナを男性にしたからといって男性専用の商品にする必要はありません。あくまで真ん中がどこにあるかを定義するのがペルソナです。

**ペルソナを定義したら、そのペルソナのどんな悩みを、どうやって解決するかを考えます。コーチングやコンサルティングなどいろんな手法を組み合わせて、重要度の高い悩みを解決できる方法が提供できれば、それがあなたの商品になります。**

## ◇6◇ 起業の壁になる「メンタルブロック」の乗り越え方

お金はなくなるのが怖いですよね。従って、お金を使うのが怖いという感覚はわかります。起業と言えばまずは、ビジネスがうまくいかなくてお金がなくなるのが怖いという印象を持つ人が多いでしょう。実際、初期投資にお金を使いすぎてしまったり、売上の計画が甘くて資金が回らなくなってしまうケースは多いです。

しかし、ここでお伝えしたいのは「お金を受け取ることに対するメンタルブロック」のことです。1章で少し触れましたが、**ビジネスを始めると気づく「お金を受け取るのが怖い」という感情**があります。お金を受け取るのはプラスのことなのに、怖い。これはなぜでしょうか。

これには大きく分けて理由が2つあります。

「サービスの価値に自信がない」「責任が発生するので怖い」ということです。

雇われて仕事をした経験しかない大部分の人にとっては、自ら考案した商品やサービスに対して直接お金を受け取るというのは「未体験ゾーン」です。

会社員であれば、もともと価値が決められたサービスを提供しているので、その金額に疑問を持つ必要はないかもしれません。しかし、個人で、ビジネスとして提供するのであれば、それが商品やサービス、特にコンサルティングやコーチングといった対人スキルを活かしたサービスであれば、受け取ったお金にふさわしい価値があるかどうか、自信がなくて怖いということなのでしょう。

また、お金を受け取ってしまうと、それに応じた責任が発生します。高額の料金を受け取ったらそれだけ期待されるわけで、「もしうまくいかなかったら怒鳴られたり、訴えられるのではないか」というような、実際にはほとんど起こらないことを心配してしまったりするものなのです。

起業やビジネスのサポートをしていると、この「お金のメンタルブロック」が大きな課題となっている人がすごく多いことに気づきます。

**専門性があり、それだけの能力があって、役に立つサービスを提供できる、あるいはすでに提供しているにもかかわらず、適切な対価としてお金を受け取ることができない。安くやりたい、できれば無料でやりたい。そんな状態になっている人が多い**のです。

「私は大丈夫」と思われるかもしれませんが、ほぼ100％自分にも当てはまることだと思って読んで下さい。独立して9年の私だって、このメンタルブロックを完全に克服したわけではありませんから。

「多くの人の役に立ちたいから」「そんなにお金が欲しいわけではないから」「まだ十分な経験がないから」「以前、高いと言われたので」「うちの業界ではこれが相場」「高くすると苦情が出るかもしれない」……いろんな理由を挙げられるのですが、根本は全て共通していて、「自信がない」「責任が怖い」ということです。メンタルの問題ですね。

しかし、このお金を受け取るメンタルブロックのせいで、安くサービスを提供していると何が起こるでしょうか。

お客さんは安いこと自体は喜んでくれるかもしれませんが、そのサービスはそれなりのクオリティなのだろうと考えるでしょう。その結果、本気になれない、コンサルティング・コーチングでお客さんに宿題を出してもやらないとか、行動しないケースが増えます。安いからまあ良いか、と思いやすいのです。

一方、事業者として安いサービスで生活をしていこうと思うと薄利多売にならざるを得ません。交流会に行きまくって、安さをウリに数をこなす。集客ばかりに力を入れないとビジネスが成り立たない。必然的に、徐々に疲弊していってサービスのクオリティは下がります。その結果、せっかく買ってくれたお客さんを含めて、誰も幸せになりません。

「何でもかんでも高くすることが良い」ということが言いたいのではありません。**ペルソナの重要な課題を解決することで高い価値を提供し、適切な対価を受け取りましょうという話**です。その課題を持っていない人、真剣に悩んでいない人からは高すぎると思われるでしょうけれど、それは気にしなくて良いのです。

とはいえ、頭でわかっていても、このお金を受け取ることに対するメンタルブロックを乗り越えるのは大変です。世の中には大きな声を出したりする自己啓発的なやり方や、催

## ☆『メンタルブロックノート』の例

### 2024/1/15 10：00　メンタルブロックについて

・セッションの提供で1万円もらうのが怖いと感じる
・これはメンタルブロックだろう
・確かに1時間で1万円は、時給としては高い
・でも受けた人は大きな気づきが得られる
・それは数万円の価値があるはず
・だったら1万円は安いくらい
・自分が受ける立場なら、1万円は高く感じない
・Aさんも1万円が高いとは言っていない
・同じサービスを3万円でやっている人もいる
・自信を持って、堂々と受け取れば良い
・提供する価値を信じて、1万円を受け取ろう！

### 2024/1/22 13：00　1万円を受け取ること

・Bさんにセッションを提案してみた
・1時間で1万円だが、5千円で申し込み
・向こうから言われる前に値下げしてしまった
・黙っているのが怖いと感じた
・1万円でも満足してもらえる気がする
・5千円でも、成果としては大きい
・次回は1万円で契約しよう
・5千円だからといって手を抜かない

眠術をかけてメンタルブロックを一気に取り払うことができる、と主張する個人・団体もありますが、私自身はそういうものの効果は疑わしいし、効果があっても副作用があるのではないかと考えています。あまりに、不自然なやり方ですし。

できればそういうやり方で即効性を求めるのではなく、少しずつの積み上げでメンタルブロックを解消していきましょう。最初は飲み会の幹事くらいから始めて、それをイベントにしてみるとか。3千円でも良いので受け取って、信用を積み重ねながら、喜んでもらう体験を重ねていく。次は3万円くらいの個別サービスを提供して、役に立つ。その感覚を摑んだら30万円のバックエンド商品を作って……と一歩ずつ段階を踏んで、慣れていくことです。

もちろん**そうやって行動を積み重ねる中で何度もノートに書いて、何に対して恐怖を感じているのか、どうすればお金を受け取れるようになるのか、考え続けることも重要**です。ノートに書くことで客観視できれば、恐れているもののほとんど全ては思い込みに過ぎないと、早く気づけるようになります。ノートに書くだけでも、メンタルブロックは少しずつ減っていきます。

【4章の確認】

□『人生計画ノート』を書いてみましたか？

□今の働き方は、ESBIのどれですか？

□理想としては、ESBIのどこを目指しますか？

□出世・転職・副業・起業、どれをやってみますか？

□やってみたい副業は見つかりましたか？

□『ペルソナノート』を書いてみましたか？

# 5章　お金が「殖える」ノート術：実践編（資産5000万円〜）

## ◇1◇『ポートフォリオノート』の書き方

さて、いよいよ金融資産に投資をしてお金を殖やす、つまり資産運用のステージです。

資産運用をしていく上では、知っておかなくてはいけない大切な考え方がいくつかあります。

・資産運用の本質は「守り」である
・投資には「結論」がある
・正しい投資法は楽しくない

「倍々ゲーム」「どんどん増やす」という勘違いをしている人も多くいますが、それは投資ではなくて投機と呼ばれるもの。つまりギャンブルです。

リターンが大きい分リスクが大きく、長期的に勝てる可能性は極めて低いやり方です。

競馬で勝ち続けてお金持ちになった人はいません。それと同じことです。

**正しい投資法とは、上場投資信託（ETF）をドルコスト平均法で買い続けること**です。聞き慣れない言葉が出てきたかもしれませんが、詳しくは、のちほどご説明します。

要は投資をする地域を分散させて、銘柄を分散させて、買うタイミングを分散させるということです。ひたすら分散、分散です。

どの会社が成長しそうだとか、今の株価が高いか安いか、そんなことを考える必要は全くありません。それこそが投資の楽しさだと私も思うのですが、これは競馬でどの馬が勝つかを予想する楽しさ、つまりギ

☆『ポートフォリオノート』の例

| | 残高（万円） | 現状割合 | 理想割合 | 期待リターン |
|---|---|---|---|---|
| 世界株式 | 0 | | 40% | 5% |
| 世界不動産 | 0 | | 20% | 4% |
| 世界債券 | 0 | | | 2% |
| 国内株式 | 0 | | 20% | 5% |
| 国内不動産 | 0 | | | 4% |
| 国内債券 | 0 | | | 2% |
| ビジネス | 0 | | | 6% |
| 現預金 | 500 | 100% | 20% | 0% |
| その他 | 0 | | | - |
| 合計 | 500 | 100% | 100% | |

ャンブルの楽しさと同じです。予想が当たれば楽しいですが、投資の結果には、実はほとんど影響がありません。

**投資をする上で決定すべきことは、ここでご紹介するようなポートフォリオ（資産分散）が、ほぼ全てです。それも、地域とアセットクラス（株式や不動産など資産の種類のこと）が適度に分散されていれば、それで良い**というくらいのことです。

例えば、次のようなポートフォリオになります（数値は例）。

| | | |
|---|---|---|
| 世界株ＥＴＦ | ２００万円 | 40％ |
| 世界不動産ＥＴＦ | １００万円 | 20％ |
| 国内株ＥＴＦ | １００万円 | 20％ |
| 現預金 | １００万円 | 20％ |
| 合計 | ５００万円 | |

あとで詳しく述べますが、これが正しい投資法です。もう結論が出ているんです。どうですか、楽しくないでしょう。しかし**資産運用に楽しさを求めると、痛い目に遭ったり**

**ダマされたりします。**たとえうまくいったとしても、株価や為替の日々の変動に一喜一憂して、本業が手につかなくなったりしたら本末転倒ですよね。

何を隠そう私自身もサラリーマン時代、株の信用取引に手を出して大損をして仕事どころではなくなり、呆然として会社のトイレに長い時間こもってスマホで株価を見つめたりしていた時期がありました。そんなことをしていたら、絶対に出世できませんよね。

それはともかく、**資産運用の基本は分散であり、ポートフォリオを考えることが重要**です。今はわからないことがたくさんあると思いますが、本章の中で理解できるように説明してあるので、ノートにメモしながら読み進めて下さい。

## ◇2◇ 投資対象は債券・株式・不動産・その他の4種類

投資の対象となるアセットクラスは、現預金の他には、「債券」「株式」「不動産」「その他」の4種類です。大きく分類するとそんなにたくさんはありません。これに国内・海外の組み合わせを掛け合わせたくらいのパターンしかないのです。外貨そのもの、つまり為替に投資するという考え方もあります。

「仮想通貨はどうなんだ」「デリバティブがどうのこうの」などとさまざまな考えも浮かびますが、それは「その他」に含むことで、4種類しかないと言い切ることにします。

### ◎債券

国や企業が発行する、借用証書のようなものです。融資を証券化したもの、というイメージでいいでしょう。

ここしばらくはほとんど金利のない時代が続いていたので、債券の存在価値は下がっていましたが、株式よりはリスクが低く、安定した利回りが得られるので主要な投資対象です。

### ◎株式

企業に出資する投資手法です。株式を省略して、単に株とも言われます。

株式投資は企業の一部を所有するという概念なので、その企業がすごく儲かった場合にはその分け前がもらえます。逆にうまくいかなかった場合にはその一部を負担し、倒産してしまったら借入や債券が全額返済されたあとにしかお金を分配してもらえません。

つまりハイリスク・ハイリターンで、経営に口出しをする権利をちょっと得られるのが株式です。

### ◎不動産

典型的には、土地や建物などを直接所有するという投資形態です。

物件の全部ではなくて一部を保有することもありますし、複数の不動産物件の権利を証券化して、一部だけ保有できるＲＥＩＴ（不動産投資信託）への投資も一般に浸透しました。

個人の投資対象としてはむしろＲＥＩＴが一般的かもしれません。

## ◎その他

さまざまなものがありますが、最近、関心が高いものとして仮想通貨やＮＦＴを挙げておきます。

ただし、私は仮想通貨やＮＦＴは、投資対象として必要のないものとみなしています。株式で言う企業価値や配当のように、何か裏付けがあるわけでもなく、株価が全体的に下がればやはり仮想通貨も下がるので、分散対象としての価値もないと考えます。投機として楽しむ分には否定はしませんが、正しい資産運用には必要ないでしょう。

誤解のないように追記しますが、私は仮想通貨のことを面白いとは思っています。国家による裏付けが必要なく通貨を発行できる「通貨の民主化」という側面は評価されるべきで、それを実現したブロックチェーンは素晴らしい発明だと思います。

ブロックチェーン技術を応用したＮＦＴやＤＡＯ（Decentralized Autonomous Organization：分散型自律組織）はこれから、社会において重要な役割を果たすでしょう。ただ、投資対象としては仮想通貨は適切ではないし、必要ないという判断です。

## ◇3◇ それぞれの投資対象の想定利回り

30年程度の長期平均で見た年間の利回りは、株式が税引き前で5～8％です。不動産は個別性が高いので簡単には言えませんが、ＲＥＩＴであれば4～5％というところでしょう。

債券はしばらく金利が低い時代が続いていたので、単純な平均を出す意味は疑問です。株式や不動産よりはローリスク・ローリターンの投資対象であり、約1～3％だと考えておくと良いでしょう。

これはあくまで長期で平均的に見た利回りなので、**今、株を買えば、来年の今頃には5％上がっていると期待できるかと言えば、全くそんなことはありません。大幅に上がっている可能性もありますし、逆に大暴落しているかもしれません。**

では30年後なら、今と比べて確実に上がっているのかと言うと、来年上がっているかという質問よりは確率は高くなりますが、それもわかりません。

債券も、金利がほぼゼロだった時代もごく最近にありましたし、倒産が出て損失を出す可能性すら常にあります。それでも長い期間で平均すると、じわじわと世界の経済は成長しており、その恩恵を受けられるはずだ、という考え方になります。

将来的に革命が起こって資本主義という前提が崩れるとか、世界経済が崩壊する可能性すらゼロではありません。マンガみたいな、力が世界を支配する世界観になることだって絶対あり得ないとは言い切れません。

ただその場合は、お金や資産自体が無価値になるので、何にどう投資をしていてもムダなので備えようがなく、さすがにそこまでは考えても仕方ないかなと思います。

ノートに書いて考えていると、たまにこういう哲学的な思想というか、妄想の世界に入り込んでしまうときがあります。しかしそれもまた楽しい。遠くまで思考を走らせたら、現実世界に戻ってきて具体的な行動についても考えるようにしましょう。大切なのは、バランスです。

◇4◇ 投資の結論「ドルコスト平均法で上場投資信託（ＥＴＦ）」

この章の最初にも書きましたが、投資には結論があります。

それは「上場投資信託（以下ＥＴＦ）をドルコスト平均法で買い続けること」です。

ＥＴＦとは、あるテーマに沿って投資対象を束ねてある、「株の詰め合わせ」みたいなものです。

日経平均と同じ銘柄を詰め合わせたり、時価総額が安いものを集めたり、地球に優しい企業の株だけ選んだり、というセット。その詰め合わせが上場されていて、取引所が開いているときならいつでも買うことができるのです。

中でも、**日経平均株価などの指標と連動した値動きをする「インデックス型」のＥＴＦがやっているのは、銘柄の分散**です。どの銘柄が上がるか、下がるかといった判断をせず、上場されている株を全種類、少しずつ買うという考え方です。

具体的には日経平均連動のETFなら、日経平均株価を算出する基準として採用されている全銘柄を少しずつ買う、つまり日経平均株価そのもののミニチュア版を詰め合わせで買うイメージです。その詰め合わせに入っている企業が1〜2社倒産しても、全体が上がっていれば良いという、ある意味でドライな考え方です。


さて、ETFと言っても多くの種類がありますので、どれを選んだらいいのか。

ファンドマネージャーが積極的に運用するアクティブ運用ではなく、日経平均株価などの指標に連動したパッシブ運用と言われるもので良いです。

優秀なファンドマネージャーを集めてガンガン売り買いするアクティブ運用は魅力的に感じるかもしれませんが、驚くべきことにインデックス（＝パッシブ運用）にほぼ勝てません。


『敗者のゲーム』（チャールズ・エリス著／日経BPマーケティング）には、エース級のファンドマネージャーを集めた投資信託の運用成績が、平均すると、「お猿が投げたダーツ」の結果に基づいて投資を決定するやり方（つまり、ランダムで適当に選ぶということ）に勝てないということが書かれています。

**取引手数料を考慮すると、最高に賢いファンドマネージャーを集めた投資信託よりも、パッシブ運用の方がマシ。これが結論**です。

**ドルコスト平均法というのは、毎月株を買うと決めたなら毎月、決まった金額だけ買う方法のこと**です。

例えば毎月5万円分、ある株を買うと決めたなら、株価が500円の月には100株買いますし、株価が千円に上がったら50株しか買えなくなります。株価が上がろうが下がろうが何も考えずに淡々と、毎月5万円分を買い続けることになります。

ドルコスト平均法がやっているのは、購入タイミングの分散です。どうしても人は「安く買って高く売りたい」と考えてしまいますが、なかなかうまくはいかないものです。「今月は株価が安いからもっと投資額を増やそう」など、そういう判断を排除して、機械的に買い続けるための強制的な仕組みです。

興味はあるけれど、まだ投資をしたことがない人なら、「いつ始めたらいいのか。もっと日経平均株価が下がってから投資を始めた方が良いのでは?」という疑問もあるでしょう。

これについては『JUST KEEP BUYING』(ニック・マジューリ著/ダイヤモンド社)に、「いくら今の株価が割高に感じたとしても、今すぐ初めて、ドルコスト平均法でずっと買い続けるのがベスト」という趣旨のことが書いてあります。納得感のあるデータが多数載っているので、気になる方は読んでみて下さい。

インデックスに連動したETFをドルコスト平均法で買い続けるだけなんて、面白くないですよね。誰がやっても同じ結果が出るので、クリエイティブな要素は一つもありません。

それでいいのです。**正しい資産運用は面白くないもの**なんです。

最後に、「ウォーレン・バフェットはどうなんだ」という疑問にお答えしておきましょう。

ウォーレン・バフェットは、割安の株を見つけて長期保有するという「バリュー投資」

という手法で世界有数のお金持ちになった人です。彼のように、企業の決算書を分析し、信念に基づいて価値のある銘柄を発見することで大儲けできる道があるのではないかというのは当然の疑問です。

バフェット本人はこう言っています。

「(ETFとドルコスト平均法による分散投資は)ほとんどの投資家にとっては正解だろう」

この言葉をどう受け止めるかはお任せします。バフェットくらい才能があり、バフェットと同じくらいの時間と情熱を証券分析に費やせるのであれば、個別株への投資にチャレンジしてみるのも良いかもしれません。

私も若い頃、自分には才能があるはずだと思って、個別株を積極的に売り買いしていた時期がありました。でもそれは手痛い損失とともに、「自分だけはギャンブルに勝てる」というのと同じ種類の、思い込みに過ぎないことを思い知らされました。ここで私にできるアドバイスとしては「やめておきなさい」です。

**どうしても個別株に投資をしたい方は、資産の10～20％程度を使って「楽しむ」のが良いでしょう。**これはギャンブルみたいなものですので、負けることも多々あります。取り返そうなんて決して思わずに、楽しませてもらったと感謝して終わりましょう。たまたま運良く勝ったとしても、賭け金を増やしたりしないようにして下さい。

## ◇5◇ ポートフォリオもETFでほぼ自動的に

投資のプロの世界では「**投資のパフォーマンスの9割はアセットアロケーション（資産配分）で決まる**」と言われています。どの地域の、どの資産に投資するかを決めたらほぼ結果は決まり、どの銘柄をどのタイミングでいくら買うかは、1割くらいしか影響がないということです。

私が金融機関にいた頃、まさにその「どの銘柄にどのタイミングでいくら」という仕事をしていたので、自分の仕事は1割でしかないのかと、悔しい感覚がありました。もちろんその仕事に意味がないということではなく、どちらも重要な仕事なのはわかっていてもです。

それはともかく、ここで伝えたいのは、それくらいアセットアロケーションが重要だということです。「これからは中国の株だ」「アフリカの不動産だ」ということが正確に予測できれば、投資のパフォーマンスは大きく向上します。ただこれも、個別株の株価変動を予想するのと同じくらい、難しいことです。

ではどうするか。ここでも解決法は同じで、分散です。地域やアセットクラスを、できるだけ分散することです。

日本だけ、中国だけではなくて全世界に分散させ、株式だけ、不動産だけではなくて複数のアセットに分散させるのです。難しそうに思えますが、ETFを使えばそれが簡単にできます。

シンプルに言うと、**世界分散された株式・不動産・債券、3種類のETFをバランス**

**良く買っておけば目標達成**です。

バランス良くって何よ、となりますよね。これは個々が置かれた状況によって異なります。

例えば、**まだ20代で、一切使う予定がない余裕資金を運用するなら、100％株式でも良いかもしれません。必要になるかもしれない資金を残して、余裕資金で目一杯アセットアロケーションリスクを取るという考え方**です。実際には現預金20％、株80％などという配分になります。

この場合、ドルコスト平均法による投資タイミングの時間分散はきちんとやって下さい。虎の子の500万円を全額、同じタイミングで世界株に突っ込んだ翌日に世界同時の株価大暴落がやってくる、というシナリオはそれなりの確率であり得ますので。20万円ずつ25ヶ月に分けて投資する、くらいの慎重さがあると良いでしょう。アロケーションでリスクを取るなら投資タイミングでリスクを減らす、ということですね。

余談ですが、本書のようなお金の本を書く上で怖いのは、「言われた通りに投資をしたら損をした。どうしてくれるんだ！」という苦情が来ることです。投資は自己責任ですし、正直に言って、株価が短期的にどう動くか私には全くわかりません。

これから10年20年と、世界中の株価が下がり続けるという可能性もあるので、苦情を言うとしても30年から50年くらい投資を続けた上でお願いします（できれば言わないで）。

話を戻します。

逆に**50代で、10年後には取り崩して老後資金に充てるというお金なら、現預金・債券を厚めにしておく必要があります。**現預金25％、債券25％、株25％、不動産25％といった形になるでしょう。

☆年代でアロケーションのバランスは変わる

| 20代でリスクが取れる | 50代でリスクを抑えたい |
|---|---|
| 現預金　20% | 現預金　25% |
| 株式　80% | 債券　25% |
| | 株式　25% |
| | 不動産　25% |

人によっては、株式・不動産のリスク資産の比率はもっと下げた方が安心と思うかもしれません。絶対の正解はありませんし、安心できるというのは重要な要素ですので、ノートに書いて良く考えてから決定して下さい。

アロケーションで迷う方は、ウェルスナビ（https://www.wealthnavi.com/）などのロボットアドバイザーを使うという手もあります。いくつかの質問に答えるだけで、アロケーションを決めてくれます。再投資なども自動的にやってくれるので楽ですが、手数料は年率1・1％と自分で運用するよりは高くなります。

なお、分散投資をしていく上でお勧めのETF、投資信託は、次のようなものです。いずれも流動性が高く、手数料は低く、SBI証券と楽天証券で取り扱われており、新NISA（成長投資枠）にも対応しています。

**◎バンガード・トータル・ワールド・ストックETF（VT）**

FTSEグローバル・オールキャップ・インデックス（TGPVA16U）と同等の投資成果を目指す。先進国や新興国市場を含む約47カ国の約8000銘柄で構成。（「株探」ホ

ームページより）

VTは、1本で株式の世界分散ができる優れものです。シンプルに運用をしたいという人は、どれか1つ選ぶなら、これだけで良いくらいです。

◎バンガード・トータル・インターナショナル債券ETF（BNDX）

ブルームバーグ・グローバル・アグリゲート（米ドル除く）浮動調整RIC基準インデックス（米ドルヘッジベース）（H28986US）に連動する投資成果を目指す。米ドル建て以外の、政府債、政府機関債、社債、及び証券化された非米国の投資適格固定利付債券で構成。（「株探」ホームページより）

BNDXは、ドル建て以外、アメリカ以外の債権で、幅広く世界分散ができます。

◎iシェアーズ・コア米国総合債券市場ETF（AGG）

ブルームバーグ米国総合債券インデックス（LBUSTRUU）と同等の投資成果を目指す。米国投資適格債券市場全体に幅広く投資。（「株探」ホームページより）

AGGは、アメリカの債権に分散投資ができます。前のBNDXと組み合わせることで、よりバランスの良い世界分散になります。

◎ｉシェアーズ先進国（除く米国）不動産ＥＴＦ（ＩＦＧＬ）

米国を除く先進国の不動産投資信託（ＲＥＩＴ）及び不動産関連銘柄に分散投資を行い、ベンチマークであるＦＴＳＥ ＥＰＲＡ／ＮＡＲＥＩＴ先進国（除く米国）不動産指数に連動する投資成果を目指すＥＴＦ。（「投信資料館」ホームページより）

ＩＦＧＬは、アメリカ以外の先進国不動産に、幅広く分散投資ができます。

◎ｉシェアーズ米国不動産ＥＴＦ（ＩＹＲ）

ダウ・ジョーンズ米国不動産・キャップド・インデックス（ＤＪＵＳＲＣＵＴ）と同等の投資成果を目指す。米国の不動産株・ＲＥＩＴで構成。（「株探」ホームページより）

ＩＹＲは、アメリカ不動産に分散投資ができます。前のＩＦＧＬと組み合わせることで、よりバランスの良い世界分散になります。

なお、つみたてＮＩＳＡやｉＤｅＣｏは、基本的にはＥＴＦに対応していません。その場合は以下の投資信託などで代替して下さい。世界分散がされており、手数料が低いものであれば問題ありません。

◎**eMAXIS Slim全世界株式（オール・カントリー）**

日本を含む先進国ならびに新興国の株式に投資し、MSCIオール・カントリー・ワールド・インデックス（配当込み、円換算ベース）に連動する投資成果をめざして運用を行います。（「SBI証券」ホームページより）

積立型NISAやiDeCoではETFに投資できないので、その場合はこちらなどを選択して下さい。SBI証券、楽天証券いずれからも投資できます。

## ◇6◇ 目指すゴールとしてFIREってどうなの？

少し前に「**FIRE（ファイヤー）**」という言葉が流行りました。ご存知ない方のために書くと、Financial Independence, Retire Early の略で、**金融の力を使って「経済的自立」と「早期リタイア」を目指そうとする考え方のこと**です。いかにもアメリカ人っぽい発想ですが、日本でもその影響を受けた人は多くいたのではないでしょうか。

ごく簡単に説明すると、ETFなどを通じて株式投資をしておけば、平均して年間5%くらいの利回りは期待できるので、だったらそこから、税引き後で4%は受け取れるはず。ということは、年間で使うお金の25倍を投資しておけば、もう働かなくて良いじゃないか！　すごい！……これがFIREです。

例えば、年間400万円で生活できる人がいるとします。この人が1億円の金融資産を作れば、毎年その4%である400万円を利回りとして受け取ることができるか

☆4%の運用益で使える生活費

| 資産 | 年間生活費 |
|---|---|
| 2千万円 | 80万円 |
| 4千万円 | 160万円 |
| 6千万円 | 240万円 |
| 8千万円 | 320万円 |
| 1億円 | 400万円 |
| 1.5億円 | 600万円 |
| 2億円 | 800万円 |

ら、400万円を上限に生活していれば、元本が減ることがなく、もう働く必要もない、ということになります。あくまでも理屈の上では。

ただ、今の私から見て、FIREには大きな問題が2つあります。

まず、**株式市場はそんなに安定的に動かない**ということです。

確かに長期の平均を取ると毎年5%伸びているかもしれませんが、FIREを決めて会社を辞めたその瞬間から、向こう20年くらい株価が全世界的に下がり続けるというケースもあり得るのです。そのとき、資産を取り崩しながら、ただただ市場の回復を祈り続ける、という生き方が果たして幸せでしょうか。

もう一つは、**仕事を楽しんだ方が良いのではないか**ということ。どんな辛い仕事でも工夫次第で楽しめる、とは言いませんが、どんな仕事をするかはある程度は選べるので、楽しめる仕事をやった方が世の中に役に立つことで自己肯定感も高まり、充実した人生になるのではないでしょうか。

今の私は、自分で選んだ仕事だけをやっており、辞めたいとは全く思わないので、ＦＩＲＥには全く魅力を感じません。いつまでもハードワークができるわけではないので仕事の仕方は変えますが、１００歳になっても何らかの形で人の役に立ち、稼ぎ続けていたいと考えています。本を書くというのも、その一つの形です。

これも価値観の問題なので、これらを踏まえてＦＩＲＥを目指すなら強いて止めはしませんし、応援します。**会社を辞める前には必ず、ノートに書いて価値観やメリット・デメリットを良く比較して、後悔しない決断をして下さい。**

次のページのような、マインドマップを使うと、頭の整理になります。マインドマップとは『ザ・マインドマップ』（トニー・ブザン著／ダイヤモンド社）で紹介された、頭の中にある情報を放射状に、イラストやカラフルな色使いで書き出すという手法です。

手書きで書くと楽しいので一度はやってみることをお勧めしますが、パソコンやスマホで手軽にマインドマップを作れるサービスもあるので、自分に合った方法で試してみて下さい。私のお勧めは「MindMeister」（https://www.mindmeister.com/ja）です。

マインドマップを使うと全体像が見えて判断・行動がしやすくなり、新たな発想も出や

☆『働く意味ノート』（マインドマップ）の書き方

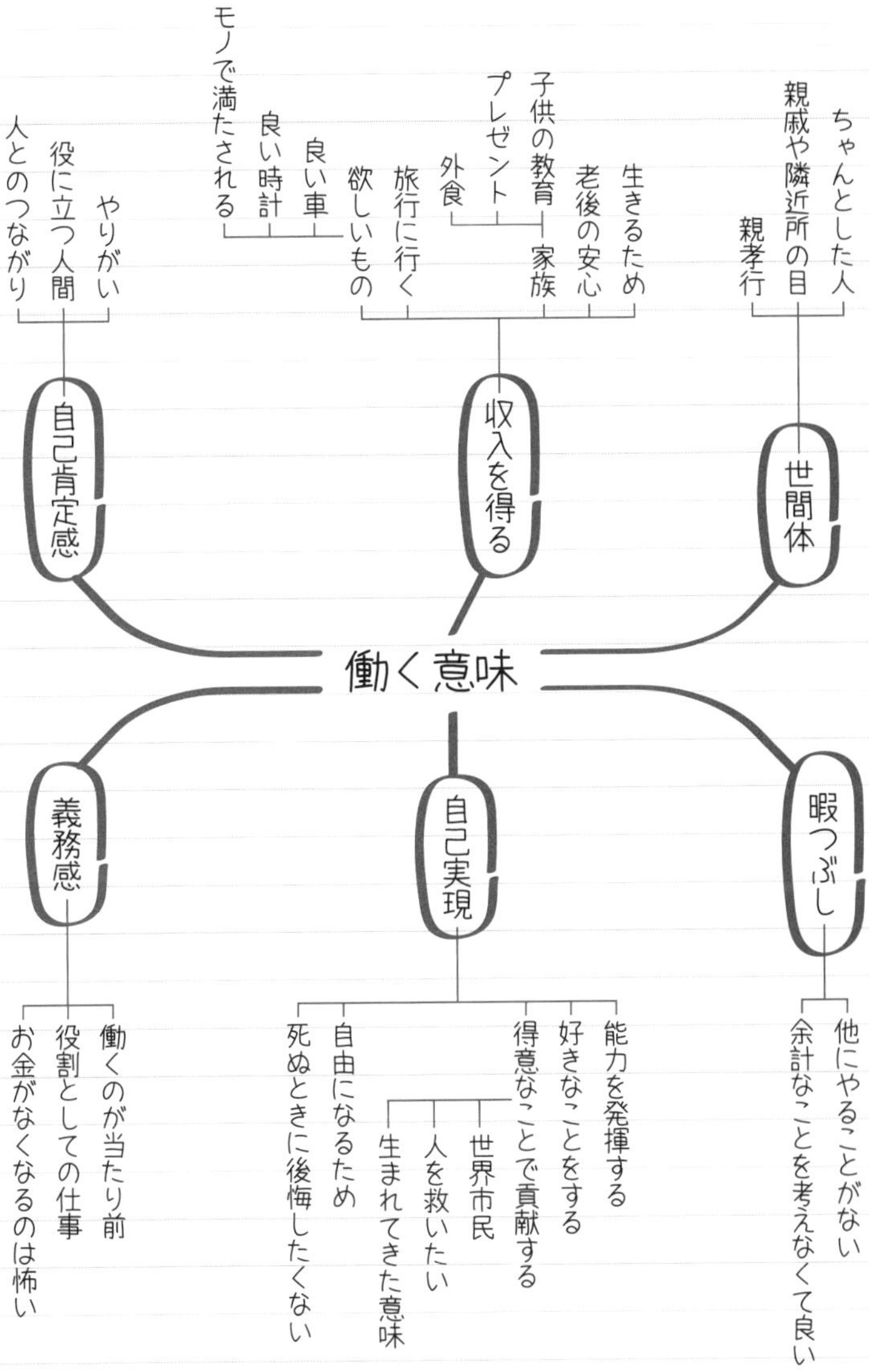

すくなりますので、ぜひやってみて下さい。

## ◇7◇「賢さを証明しようとしない賢さ」を身につける

繰り返しになりますが、資産運用には何十年も前から結論が出ています。それは「ひたすら分散」であり、より具体的には「ETFをドルコスト平均法で買い続けること」です。通貨を、アセットクラスを、銘柄を、投資タイミングをひたすら分散して、世界経済そのものに賭ける。あとは世界経済の成長を信じて持ち続けるだけ。

その過程で、**いかに「自分は賢い」ということを証明しようと「しない」か。これが投資家としての賢明さ**です。

この会社はきっと大きくなるとか、今は株価が低すぎる、スキャンダルは一過性だ、このイベントが起これば株価が上がるはず、これからの時代はこの投資方法は古くなる……
そんなことを予想して、もしそれが当たれば自分の賢さが証明されたような気になりますが、それはいわば、選んだパチンコ台が大当たりしただけ。賢さとはほぼ関係ありません。

そうではなくて、**株価や為替の変動に一喜一憂せず、ただ世界経済の成長を信じて投資をし続ける。そして思考や感情のエネルギーは全て自分の人生に、本業や副業を伸ばすために「投資」していく。**これが投資における、本当の賢明さだと私は考えます。

そうは言っても、楽して儲かりそうな話が聞こえてくると、つい心が動いてしまうものです。でもそんなうまい話は絶対にありません。ビジネスをしていても、「おいしい話」をいつも追いかけている人がいますが、当然のことながらうまくいっていません。それよりは着実に信用を積み重ねて、まっとうな仕事をした方が結局はうまくいく。それと同じです。本当に、この世界は良くできているなと思います。

ところで、本書をここまで読んできて「そんな面白くない投資方法で、しかもリスクがあるのなら、いっそ貯金しておけば良いのではないか」と思う方もいるかもしれません。

しかし、それは間違っています。

**貯金は、大きなリスクのある「投資方法」**です。

現預金というアセットクラスに全額を投資するという、とても偏ったポートフォリオになります。

それでは、現預金のリスクとは何でしょうか。

そろそろみなさんも生活の中でその存在を認識されたことと思います。「インフレ」です。**モノの値段が上がり、お金の価値が相対的に下がるのがインフレ。その反対がデフレ**です。

物価が上がると、現預金の価値は下がります。

仮に今、貯金が1千万円あったとしても、ラーメン1杯が100万円になったら、そのお金はすぐになくなってしまいます。これが、お金の価値が下がった（モノの価値が上がった）ということです。

ハイパーインフレといって、物価が急激に上昇すると、現預金の価値は大幅に下がります。海外の経済が弱い国や、先進国でも戦後などには実際に起こっていますが、極端な場合は「お金が紙屑になる」という現象が起こるのです。

長いこと続いたデフレの中で世界各国は金利を下げ、それでもなかなか物価が上がらなかったので、大量にお金を刷りました。その反動が、世界中で出始めています。日本だけが例外であるとは、考えられません。私はもう20年くらい「日本はインフレになる」と言い続けて久しいのですが、溜まったマグマが大きい分、これからくるインフレの波は大きいのではないかと心配しています。

株式や不動産は「モノ」や「キャッシュフロー」に投資する面もあるので、インフレの影響をそれなりに緩和してくれます。外貨にも分散しておくと、日本だけが大きく落ち込むケースにも対応できてより安全でしょう。

ともかく、日本円の現預金に100%賭けるというのがいかに危険なギャンブルかは、知って頂きたいと思います。イメージとは真逆で、**株式投資は守り、現預金で持っておくのはノーガードで攻めている**ということです。

フローとストックの考え方で言えば、現預金で持っていると、世界の成長に伴う配当が得られません。お金を頭脳や信用、金融資産という形に換えておくことで配当が得られ、インフレなどの状況変化にも対応することができるようになります。
お金をストック資産に換えることで安全性が増す、という感覚を持って頂きたいのです。

## ◇8◇ お金の「一人合宿」をしよう！

本書はこれが最後の節となりますが、重要なことをお伝えします。

**ノートを持ってカフェへ行き、一人合宿をすることを習慣にしましょう。**

本書でもいくつかのテンプレートや、具体的なノートの使い方をご提案してきましたが、実は本質はそこではありません。お金について、人生について、今抱えているあらゆる課題について、ノートに向かって考え抜く時間をいかに長く確保できるか、それこそが本質です。

一人合宿のやり方は簡単です。経営合宿を一人でやるイメージで、『自分を変えるノート術』（安田修 著／明日香出版社）という一冊の本になっているので、詳しくはそちらを参照して頂きたいですが、以下の箇条書きの内容だけでも実施可能なくらい、シンプルな方法です。

・集中できる環境を確保する
・持ち物はノートとペンだけ
・日時とタイトルを書いたら
・あとは箇条書きで書きまくる

これだけです。これをまずは30分で良いので、試してみて下さい。

自分にとって大切な価値観とは何か。

お金を貯めるには、お金を稼ぐには、お金を殖やすには、どうすれば良いか。

今日、やるべきことは何か。

そういうことをただ、ノートに書いて考えます。

そしてそれに少しでも手応えを感じたら、月に1回もしくは週1回のスケジュールに組み入れて下さい。書くことを習慣化して、書いたことに従って少しずつでも行動する。それだけで、人生は変わります。

ノートに書けばお金が増える。これは嘘ではありません。

しかし、**ノートに書く「だけ」ではお金は増えません。自分の頭で考えて、自分で決めて、行動することでお金は増えます。そのためにノートがとても有効なツールだということです。**

本書を通じて、そのことが伝わったなら、そしてノートを持ってカフェに行くことから行動をして頂けたのなら、著者としてこんなに嬉しいことはありません。

5年後、10年後、この本をきっかけに人生が変わったという声を聞けることを楽しみにお待ちしています。

## 【5章の確認】

□『ポートフォリオノート』を書いてみましたか？
□投資対象4種類はそれぞれ何ですか？
□投資の結論について説明できますか？
□『働く意味ノート』を書いてみましたか？
□一人合宿をスケジュールに入れましたか？

## 【おわりに】　お金の不安をなくすために

お金が増えるノート術、いかがだったでしょうか。

お金についての本は世の中にたくさんあります。大企業の社長やすごい資産家の方が書いたものもあれば、お金の専門家が書いたものもあります。私にはそういう看板はありませんが、あまたあるお金本の中でも、本書は一番わかりやすくて、一番役に立つ本を目指して書きました。少しでもお役に立てたなら、とても嬉しいです。

47年間お金とノートに向き合って生きてきて、ずっと感じていることがあります。それは、「お金と向き合うことから逃げて、その結果、苦労している人が多い」ということです。起業のサポートをしていると、特にそのことを痛感します。

数万円どころか数千円のお金を受け取るのが怖い、自分のサービスをできるだけ安くしたい、できれば無料で提供したい……。そうやって余計な時間をかけているうちに手元のお金がなくなって、起業の夢を諦めなくてはならなくなる人が、たくさんいます。

価値のあるサービスでお金が受け取れないというのは、いったいなんなんだろう。最初は単に、まだ自信がないだけかなと思いました。しかしどうやらこれは、もっと深いところに刷り込まれた「洗脳」が原因なのではないかと考えざるを得なくなりました。

お金は汚い、あいつは金の亡者だ、お金のためにやっているんじゃない、お金を稼いでいる奴は何か悪いことをしている、などなど。お金への恐怖からくるこうした思い込みが、人を自由と好奇心あふれる生き方から遠ざけ、縛りつけています。

多くの人に、もっとお金のことを知って欲しい。自分にできることは、本を書くことだ。ノートとお金を組み合わせたら、少しお金に抵抗感がある人でも読んでくれるのではないか。そうして生まれたのがこの本です。

お金は単なる数字です。誰かのお役に立てたとき、その対価として受け取る「感謝の印」でしかありません。便利なものですので、もっと良く知って、うまく使いましょう。

そして、自由な生き方を手に入れましょう。

この本には網羅性はありません。使っていない照明はこまめに消しましょうという節約のアドバイスもなく、資産形成には持ち家と賃貸マンションのどちらが良いのかなんてことも書いていません。でもそんなことよりもはるかに、大切なことを書いたつもりです。

本書を読んで頂き、ありがとうございます。できれば読むだけで終わらず、カフェにノートを持って行って、本書に出てきたワークをやってみて下さい。お金について理解して、正面から考える習慣が身につけば、テンプレートやテクニックは全部忘れても大丈夫です。

最後に、安田智子さん、航さん、ほのかさん、榮一さん、香代子さん。いつも支えてくれて、おかげでここまで来れました。あなた方のおかげで僕は守銭奴にならず、お金より大切なものがあると確信して生きられています。本当に、いつもありがとう。

２０２３年11月　　安田修

著者プロフィール
**安田修**（やすだおさむ）

株式会社シナジーブレイン代表取締役。北海道大学経済学部を卒業後、国内最大級の機関投資家である日本生命保険相互会社で15年勤務し、起業。日本生命では融資や不動産、証券投資といった資産運用を担当。

会員2800人超のコミュニティ・プラットフォーム「信用の器フラスコ」代表。起業家であると同時に、起業支援とビジネス仕組化の専門家でもある。「フラスコノート会」および、オンラインサロン「フラスコビジネスアカデミー」主催。

中小企業診断士、証券アナリスト、ファイナンシャル・プランナーなど難関資格にも多数合格、個人投資家としても株や不動産などの投資を幅広く経験。

「誰もが自由で、好奇心あふれる生き方ができる世界を創る」がミッション。

著書に『仕事と勉強にすぐに役立つ「ノート術」大全』（日本実業出版社）、『書けば理想は実現できる 自分を変えるノート術』（明日香出版社）、『新しい副業のかたち』『新しい起業のかたち』（エムディエヌコーポレーション）がある。

メールアドレス：yasuda@fra-sco.co.jp

●本書でご紹介した「お金が増えるノート術」各種テンプレートは、
下記ホームページからダウンロードすることができます。

・「収支が見えるノート」テンプレート（Excel・PDF）
・「人生計画ノート」テンプレート（Excel・PDF）
・「ペルソナノート」テンプレート（Excel・PDF）

https://www.fra-sco.com/moneynote

ブックデザイン：結城亨(SelfScript)
イラスト：水野真帆
DTP・図版作成：美創

# お金が増えるノート術

貯まる・稼げる・殖える　3つのステップでお金の不安が消える！

2023年12月15日　第1刷発行

著者：安田 修
発行人：見城 徹
編集人：志儀保博
編集者：茅原秀行

発行所：株式会社 幻冬舎
〒151-0051 東京都渋谷区千駄ヶ谷4-9-7
電話：03 (5411) 6211 (編集)
03 (5411) 6222 (営業)
公式HP：https://www.gentosha.co.jp/

印刷・製本所：株式会社 光邦


ISBN978-4-344-04215-5 C0095

この本に関するご意見・ご感想は、
下記アンケートフォームからお寄せください。
https://www.gentosha.co.jp/e/